ちくま新書

英語教育の危機

鳥飼玖美子
Torikai Kumiko

1298

まえがき

英語教育改悪がここまで来てしまったら、どうしようもない。もう英語教育について書くのはやめよう、と本気で思った。それなのに書いたのが本書である。

英語教育についての書を何冊も刊行し、あちこちの講演で語ってきて、もうやめよう、と思うようになったのは、英語についての思い込みの岩盤は突き崩せないと悟り、諦めの境地に達したからである。

どんなに頑張って書いても話しても、人々の思い込みは強固である。曰く「グローバル時代だから英語を使えなければ」「でも日本人は、英語の読み書きは出来ても話せない」「文法訳読ばかりやっている学校が悪い」「だから、英語教育は会話中心に変えなければ」という信条を多くの人たちが共有している。

そうではない、英語をコミュニケーションに使うというのは、会話ができれば良いというものではない、しかも今の学校は、文法訳読ではなく会話重視で、だからこそ読み書きの力が衰えて英語力が下がっている、といくら説明しても、岩盤のような思い込みは揺るがない。政界、財界、マスコミ、そして一般世論は、ビクともしない。

結果として的外れの英語教育改革が繰り返され、行き着いた先は、教える人材の確保も不十分なまま見切り発車する小学校での英語教育であり、大学入試改革と称する民間英語試験の導入である。ここまで来てしまったら打つ手はない。英語教育について書いたり話したりは無駄な努力だと考えざるをえなかった。

それでも、何とか気力を奮い立たせて本書を書いた。この危機的状況にあって、言うべきことは言っておこうと考え直したからである。英語教育における改革は不断に必要だが、それには英語教育の実態や改革の成果などを十分に検証した上で議論を尽くすべきであろう。皆さんにも英語教育の課題を知っていただき考えていただくほかはないと考えるに至り、現状分析と批判を提示し私なりの代案も示した。

一般読者にはなじみがない新学習指導要領をあえて取り上げたのは、学校の先生たちは、このような指針に沿って英語を教えることになるのだ、と知っていただきたいからである。

英語教育の専門家であっても、これほどの英語を教えるにはどうしたら良いだろうと悩むような内容が記載されている。英語教員の心中を察して余りある。

学習指導要領では「批判的思考」の育成を掲げているが、学校現場では、文科省や教育委員会には逆らえないと感じている教員が多いし、学習指導要領を批判することに否定的な感情を抱く英語教員もいて、疑問や不安の声はなかなか表に出ない。しかし、肝心の教師が批判を避けていると現場の声が伝わらず、教育は良くならない。

被害を受けるのは生徒たちである。特に可哀想なのが小学生である。何も分からない子供たちが、あまり自信のない先生から中学レベルの英語を習う。嫌いにならなければ誠に幸いであるが、中学に進む頃には英語嫌いになっている児童が今より増える懸念がある。ゆとり教育のように、始まった途端から軌道修正を余儀なくされることになるかもしれないが、一人の子供にとっては間に合わない。その子が受ける英語教育は、たった一回きりなのである。救いようのない気持ちにならざるをえない。何とかしなければ、と本書を書きながら思い続けた。

英語教育の問題は実は、日本の将来に関わることであり、未来を担う世代をどう育てるかの問題である。先が見通せない不確実な時代、これまでにもまして多様性に満ちた世界に生きることになる世代を、どのように育てるのか、皆で考えていただきたい、というのが本書に託した私の願いである。

英語教育の危機【目次】

序章

英語教育は今、どうなっているのか?

日本人が英語を話せないのは学校教育が悪いからだ、という批判は多くの人々が共有しており、それが本書の第1章で紹介する英語教育改革の原動力となっている。ところが、今の学校英語教育は昔と同じではない。「話せるようになる」英語教育に様変わりしているのだ。もちろん、昔ながらの流儀で授業をしている英語教員がいないわけではないが、原則として、政府及び文部科学省（以下、文科省）による「コミュニケーション重視」の方針に従い、従来とはまったく違う英語教育が全国的に展開されている。

まずは、英語教育が今、どうなっているか、現状を紹介しておく。

†「コミュニケーションに使える」英語教育への大変身

日本の英語教育は、一九九〇年代から抜本的に方針が変わっている。英語を学ぶ目的は

「コミュニケーション」であるとされ、「使える英語」を目指して、高校では「オーラル・コミュニケーション」という新しい科目が設けられ、ディスカッションやディベートなどが授業で盛んに行われるようになった。

それまでは、「文法訳読法」と呼ばれる指導が主流で、文法を説明し、英文を解釈し、日本語に訳す、という教え方だった。今でも年配者は自分の受けた文法訳読の授業をよく覚えていて、「あんなことをやってるから、使えるようにならないんだ」と学校英語を手厳しく批判する。そのような一般的な空気が政財界を動かし、文法訳読が「日本人の英語をダメにしている悪者」として有害視されるようになり、その対極として「コミュニケーション重視」の英語教育が登場するに至った。

文法を教え英文を読んで訳す教え方が、本当に効果がないのか、という検証が政府レベルでなされた形跡はないし、「コミュニケーションに使える英語」が具体的にどのようなものであるべきか、という突っ込んだ議論がなされたわけでもなく、コミュニケーションとは「英会話」だと解釈されたようで、「文法」や「訳読」は否定され、「コミュニケーション」という名の「英会話」が新たな主役となった。

学校現場には、この新たな流れに疑問を抱いたり、異論を持っている教員もいたので、

ＯＣ（オーラル・コミュニケーション）の授業で、こっそり文法を教え、あれではＯＣじゃなくてＯＧ（オーラル・グラマー）だ、という話が飛び交ったりした。

そのような現場の状況は文科省も把握しており、改革の第二弾として、「英語の授業は英語で行う」という新しい方針を打ち出した。

†「英語は英語で」教えよう

現在の英語教育が昔の英語教育と最も違う点は、「英語の授業は英語で行うことが基本」とされていることである。英語を母語とするネイティブ・スピーカーだけでなく、日本人教員も英語で授業することが求められている。今は高校だけであるが、二〇二一年以降は中学でも、英語の授業は英語で行われることになっている。

なぜ、英語で授業をするのか。

文科省の説明では、日本は日常的に英語を使う環境にないので、せめて教室を英語環境にする、というのが目的である。従来型の英語教育が成果を上げなかったのは、日本語で文法を説明し英文を日本語訳させる文法訳読が中心だったからで、英語で授業をすれば、この弊害を排除できる、という狙いもあったのだろう。

この方針を入れた現行の学習指導要領が公表された時は、高校現場に激震が走った。コミュニケーション重視なのだから当然だと擁護する意見がある一方、授業をすべて英語でやる？　そんなの無理だ、と多くの英語教師が反発した。日本語で説明したって分からない生徒を、英語だけでどうやって教えたらいいんだ？　と困惑し、英語だけで授業したら内容が深まらないと嘆いた。

これに対し文科省は、「学習指導要領」を解説した文書で、「英語による言語活動を行うことが授業の中心になっていれば、必要に応じて、日本語を交えて授業を行うことも考えられる」と条件付きで日本語を使うことを認めた（詳しくは第2章を参照）。

ところが、担当者の思い入れは強く、全国各地の教育委員会や教員研修会を回っては、「英語で授業をすることは法律で決まっているのだから、ちゃんとやらないと法律違反になる」と警告した。「学習指導要領」は「告示」であり法律ではないので、これは事実誤認である。

†「英語で授業」のDVD

「英語を使って教える」という方針を徹底する為に、文科省はDVDを制作し、全国の国公私立の学校に無料で配布したことがある。その狙いは、誰でも英語で授業ができる、ということを示すことにあるようで、各地の小中高で英語を使って進められている授業の様子を淡々とビデオ撮影したものがＤＶＤとなっている。初年度は、固定カメラだったため、妙に張り切った教師が英語で奮闘している姿だけがずっと映っており、肝心の生徒は後ろ姿しか見えないので不評であった。そこで翌年はカメラを移動させ、生徒が英語で話し合っている状況も映像に残した。

お手本ではない、とＤＶＤの冒頭で断っているだけあって、授業の内容も教師の英語力も千差万別。自信満々で得意の英語を披露している先生もいれば、拙《つたな》い英語で四苦八苦しつつ日本文化の説明を試みている先生の姿もあった。長時間のＤＶＤなので、多忙で視聴する時間的余裕がない教師は多くいたようだが、文科省の意気込みは伝わったとみえ、研修会のテーマは「英語による授業」が増えた。

†大学入学者の英語力低下

英語教育が難しいのは、教師の力量は必須だとしても、教師が頑張れば、たちまち成果が上がるわけではないことだ。

「英語で授業」をする為に、多くの英語教師は努力しているが、数年以上を経過しても、生徒の英語力が向上したという成果は出ていない。それどころか、文科省が目指した、高校生の半数以上が英検「準2級」以上という目標を達成できていないのが現状である。一昔前は、大学を受験する高校三年生は英検「2級」というのが常識だったのが、そのレベルに及ばない高校生が大半ということになる。

それは大学に入学してくる学生の英語力が落ちてきていることにも表れている。国立私立を問わず、どの大学でも、昨今の入学者は英語力が低い、と囁かれているだけでなく、補習授業をする大学も増えている。もっとも、この状態は英語に限ったことではない。

文科省の調査では、高校レベルの補習を実施している大学が約四割にも及んでいる（二〇一〇年五月二六日発表）。全国の国公私立大学七二三校を対象に調査したところ、学力が足りず大学の授業についていけない学生に高校レベルの補習をした大学は、二〇〇七年度から二〇校増えて二〇〇八年度は二六四校。英語や理数系で学力別のクラスを設置した大学も二八二校あった。これは、少子化、大学入学定員の増加、大学進学率の上昇などによって「大学全入時代」となったことや、AO入試や推薦入試など筆記試験のない入試枠が増えたことによる全般的な傾向だが、英語の場合は、相当に深刻な状況である。語彙がないから英文を読めない、文法を知らないので書いた英文には主語や動詞がないなどの症状が珍しくない。

国立大学の英文科でさえ、英語で原書を読めない学生が入学してくることに慌て補習授業を余儀なくされているところが、仄聞しただけでもいくつかある。鹿児島大学は、ホームページによれば、二〇一七年度新入生を対象に「入学後の補習教育」を無料で実施している。短期集中の「英語再入門コース」では、週末の二日間をかけて「英語について、高校までの学習内容を復習するクラスを開講します」とあり、具体的な内容として「発音の基礎、品詞、前置詞、英語の五文型、他動詞と目的語」など基礎的な事項が挙げられている。

このような大学生の基礎力低下がどの程度一般的に認知されているか分からないが、TOEFLのスコアが相変わらず低いことが「日本人は話せない」という固定観念と相まって、二つの英語教育大改革が決定した。一つは小学校での英語教育開始であり、もう一つは大学入試改革である。

†小学校英語の導入

いくら中学や高校での英語教育を改革しても成果が出ない、という現実に直面して生まれたのが、早いうちから英語をやれば効果が出るだろうという発想である。これは世論でもあり、政界の主張であった。

そこで文科省は、小学校五・六年生を対象に「外国語活動（英語）」を必修科目として導入することで、小学校での英語必修化に踏みきった。もっとも、中学のような「教育」ではない、ということを明確にして、小学校ではあくまで「英語活動」とした。中学英語の前倒しではないことを強調し、文字は教えない、英語に親しみを持たせるためにゲームをしたり歌ったり踊ったりする、という「英語活動」が始まった。

ところが、そのような内容の「英語活動」を週に一回行うくらいでは目に見える成果は出ない。こんな遊びでは効果がない、という批判が出てくるのは時間の問題であった。その批判に応え、新学習指導要領では、「英語活動」を三・四年生におろし、五・六年生は「教科」としての英語を学習することになった。教科であるから、検定教科書を作成し、簡単な文法も教え、成績評価もすることになる。

小学生に対して教科としての本格的な英語を教える先生をどう養成するのか、という教員養成の問題にじっくり取り組む時間などないようで、英語ができると思われる人たちに特別に免許を出す、小学校の免許は取得しているものの英語の免許がない小学校教員が大学の教職課程で短期の研修を受ければ英語免許を取得したとみなす、などの措置で見切り発車することになる。

†民間英語試験の導入

中学・高校の英語教育改革がうまく行かないのは大学入試があるからだ、という意見も根強い。大学入試で瑣末な文法を出題したり、難しい読解問題など出すから、中学・高校では会話をやらずに文法を教え続けているという、正確な現状認識に欠ける批判である。

昨今の大学入試は、昔とは違い、文法の出題は減り、読解問題ならＴＯＥＦＬの方がよほど難易度が高い。そもそも最近の大学では受験生確保のために推薦入試やＡＯ入試など筆記試験が不要な入試形態が増えている、センター入試の英語試験はコミュニケーション志向に大幅に変わっている、というような現状は脇へ置いてしまい、英語教育改革の一環として大学入試も変える、という政策が登場した。英語については、「読む・書く・聞く・話す」という「４技能」が重要であり学習指導要領もそのようになっているのだから、大学入試は英語の４技能を測定するべきだとなった。しかし各大学が独自に多数の受験生に対して面接などを実施して「話す力」を測定するのは物理的に無理なので、民間業者による試験を活用する案が浮上した。

大学入試センター試験（センター入試）に代え、二〇二〇年度から新テスト「大学入学共通テスト」を始めるという大学入試改革の中で、英語については、二〇二〇年度から民間試験に切り替えるA案と、二〇二三年度までは、共通テストと民間試験が並存するB案が提示された。

「民間試験」とは、例えば英検（日本英語検定協会）、GTEC（ベネッセ）、TOEFL（ETS＝Educational Testing Service）、TOEIC（国際ビジネスコミュニケーション協会）、TEAP（日本英語検定協会）などで、そのどれを選んでも良いし、二回受験して良い、となっている。良いことづくめの印象を与えるが、実際には、検定料は自己負担、試験内容や受験会場、実施回数などは業者によってバラバラである。加えて、大学入試に必要となれば、高校現場は合格率を高めるために民間試験対策に追われる。高校側は、各大学はどの民間試験を選ぶのだろうと気にし、大学側は高校生が多く受験するのはどの試験だろうと様子見である。その隙間を民間業者が駆け回り、売り込み合戦が既に始まっている。

全国高等学校長協会は二〇一七年六月八日、「英語の民間試験だけでなく、二〇二四年度以降も共通テストでの英語を継続して実施してほしい」とする意見書を文科省に出した。

国立大学協会（国大協）は二〇一七年六月一四日付の意見書を文科省に提出した。民間試験の導入には「不確定な要素が多く、共通テストでの英語の廃止を判断するのは拙速」であるとし、「新テストに使える民間試験の認定基準の作成」「学習指導要領との整合性」「受験機会の公平性の確保」といった課題への対応策を求めた。

パブリック・コメントの結果もふまえ、文科省は、民間の認定試験を活用するとともに、二〇二三年度までは共通テストの英語試験も継続することを決めた。

その後、二〇一七年一〇月一二日、国立大学協会の理事会は、共通テストのマークシート式と民間試験の両方を全国の国立大学八二校の受験生に課す方針を決めた。文科省の決定では、共通テストか民間試験か、その両方かを大学側が選択できることになっており、国大協が一〇月に全八二校を対象に実施したアンケート調査では、両方を課す案に賛成する大学が反対を大きく上回った。理事会でも「大学ごとに英語のテスト形式が異なると、出願先の変更などが難しくなり、受験生が混乱する」などの意見が出たことから、全国立大学で足並みをそろえることになったと読売新聞は報じている（二〇一七年一〇月一三日一面トップ、教育部・伊藤史彦記者）。

読売新聞の解説によれば、国立大学では、英検やTOEFL、TOEICなど難易度も内容も異なる民間試験の成績で「公平な合否判定ができるのか」という懸念があるが、4技能評価を定着させたい文科省には「共通テストの中核を担う国立大にどうしても民間試験を使ってほしい」との思いがあり、「今回の方針決定は、その間を取った折衷案」である。

二〇一七年春のセンター試験の受験者は約五五万人、うち国立大（前期日程）の志願者は約二〇万人である。今回の決定により、受験生は高校三年の四～一二月に民間試験（二回まで）を受け、翌年一月に共通テストを受験することになる。現行の民間試験は一回について約五〇〇〇円から二万五〇〇〇円の受験料がかかることから、保護者の経済負担も重くなる。

そこまでしてなぜ「4技能」を入学試験で測定しなければならないのか、入学試験では英語力の基礎になる読解力を測定し、話す力は入学後に育成できないのか、という疑問も含め、英語の民間試験活用については第3章で詳しく論じる。

まずは第1章で、現在の英語教育に至るまでに、どれだけ多くの抜本的な改革が行われてきたかを検証したい。

第 1 章

英語教育「改革」史

1　見果てぬ夢を追って

†文科省は慢性改革病

英語というのは万人共通の話題のようで、誰もが英語教育について一家言ある。たいていは自分自身が受けた学校英語教育だけを拠り所に判断し、批判し、そんな英語教育のせいで英語を話せないと嘆く。

ところが実際は、「話せるようになる」英語教育を目指して、文科省は大いに努力してきているのだ。

一九八九年告示の「学習指導要領」以来、「慢性改革病」とでも呼びたいくらい、改革に次ぐ改革を重ねてきている。これは経済界の要望もあるし、広く言えば世論がそうさせていると言ってよい。明治、大正、昭和、そして平成の英語教育改革の歴史を振り返ると、日本人の「とにかく英語を話せるようになりたい」症候群ともいうべき「見果てぬ夢」が透けて見える。

その願望を満たすべく、社会からの強い要望に応えて、文科省が「話すこと」を重視した英語教育に転換して三〇年近く経つのに、さしたる成果は出ておらず、社会的にも会話中心の英語教育へ向けての改革はまったくと言ってよいほど認知されていない。不思議としか言いようがない。

この章では、現状に至るまでの改革の系譜をざっとたどり、第2章で、行き着いた先としての新学習指導要領を紹介し、その課題を検証する。

†英語教育改革の内なる蹉跌

二〇一六年度に全国の公立中高生を対象に実施された「英語教育実施状況調査」では、政府が二〇一七年度までに目指している英語力に達した中学三年生は全体の三六・一パーセント、高校三年生は三六・四パーセントであり、政府目標の五〇パーセントに達していない。

二〇一三年に閣議決定された政府目標は、中学卒業段階で「実用英語技能検定（英検）3級程度」以上、高校卒業段階で「英検準2級程度」以上の英語力を持つ生徒の割合を一七年度までに五〇パーセントにする、というものである。英検3級は、「身近な英語を理解し使用できる」レベル、英検準2級は「日常生活に必要な英語を理解し使用できる」レベルだとされている。最高レベルは1級で、合格率は一〇パーセント前後。あまりに合格者が少ないので、2級との間に作られたのが準1級である。準1級の下が2級、準2級はその下となる。後は3級、4級、5級と、全部で七段階レベルとなっている。

英語教員についても、英検準1級もしくはTOEICなどで同等の成績を取った割合を二〇一七年度までに中学で五〇パーセント、高校で七五パーセントにすることを目標にしているが、政府目標に達した英語教員は、中学校で三二・〇パーセント、高校で六二・二パーセントである。

このような実態を報道で知った人たちは、日本の学校英語は相変わらずダメなんだ、先生からして英語下手じゃ生徒ができるようになるわけない、と納得してしまうだろう。そして、だからもっとネイティブ教員を増やして英語を使えるような授業にするべきなんだ、日本人教員が文法だの読解だのばっかりやってるからダメなんだ、昔っから日本の学校英語はそうなんだよ、俺の頃もそうだった、私も学校で習った英語は海外で使えなかった、と「昔から変わりなく無意味な英語を教えてきたから、このザマだ」という結論に落ちつくことになり、ますます「使える英語」「話せる英語」への国民的圧力が強まることになる。

しかし文科省は、必死に英語教育の改革をしてきているのだ。教員についても全員に義務として研修を受けさせる悉皆《しっかい》研修、ネイティブ・スピーカーの英語指導助手であるALT（Assistant Language Teacher）増員など、ありとあらゆる試み[1]をした上で、ついには小学校で英語を必修にするという切り札まで使った。

その涙ぐましい努力の結果が、英検準2級以上に達した高校三年生は全体の三六パーセントしかいない、という二〇一六年の現実である。大学受験生は英検2級くらいの英語力だという前提はもはや通用せず、それより低い準2級に達している高校三年生が半数に満たないわけである。大学入学者の多くが英語をまともに読めず、読めないから書けず、中学レベルの英文法基礎の補習授業を余儀なくされている大学の現実は深刻である（詳細は「序章」参照）。

これほど国をあげて予算も時間もエネルギーも注ぎ込んで現場を叱咤激励しながら次々と抜本的な改革を実施したのに成果が出ていないのなら、常識的には、その原因を調査し、改革の何が悪かったのかを解明しなければならない。教員対象の研修内容が不十分だったのか、コミュニケーションに舵を切り会話重視の英語教育に変えたのが裏目に出たのか、英語力判定の基準として使っている検定試験に問題があるのか、小学校での「英語活動」が不首尾だったなら、その原因は何だったのか。

そのような分析をした上で、次の対策を練るのが常道だが、これまでの改革は、分析など放っておいて、これでもダメならもっとやろう、と同じ目標へ向けてひたすら対症療法を続けてきたように見える。

そこで近年の英語改革を振り返り、検討してみたい。新学習指導要領について早く知りたい読者は、そちらを先に読んでいただいて構わないが、一九七〇年代以降の英語教育改革の道筋は、後からでも是非お読みいただきたい。それを知らないままでは、将来へ向けての正しい方向性を考えることができないからである。

2　英語教育改革の歩み

†平泉・渡部論争

英語教育史に残る大論争として知られる「平泉・渡部論争」の発端は、一九七四年に、当時は参議院議員だった平泉渉《わたる》氏が自民党政務調査会に提出した「外国語教育の現状と改革の方向――一つの試案」（「平泉試案」）である。これが公表されると、上智大学文学部教授だった渡部昇一《わたなべしょういち》氏が「亡国の『英語教育改革試案』」と題する論文を雑誌『諸君！』（文藝春秋）に発表し、それに平泉議員が反論することで論争が半年にわたり続き、大きな話題となった。

この論争は、俗に「実用英語の平泉」対「教養英語の渡部」という枠組みで語られ、この論争が契機となり実用に使える英語教育改革への動きが始まったと解釈されることが多い。私自身も、かつてはそのような言説を鵜呑みにしていたが、「平泉試案」を丁寧に読むと、それは誤りであることが分かり、かつ、当事者である平泉渉氏にインタビュー調査を実施して、誤解の原因が明確になった（詳しくは、鳥飼玖美子『英語教育論争から考える』二〇一四年、みすず書房）。

平泉氏は日本人の英語を、「会話能力が欠如している」だけでなく、「ほとんど読めず、書けず、わからないというのが、いつわらざる実状である」と喝破し、読み書き聞き話すの4技能が使える英語を「実用英語」と呼んだ。渡部昇一教授からの反論に対して平泉氏は、「試案」で述べた外国語の「実用能力」とは、つまり「使えるか―よんで、書いて、はなして、きく、という、人間のコミューニケーションの手段としての言語を一応こなせるという能力である」(原文ママ)と説明している。平泉氏は「コミュニケーション」を、読み書きも含め広く捉えて考え、コミュニケーションという実用に使える外国語能力を指して「実用のため」と語っていたのだが、大半の日本人は「実用英語」という言葉を「話せる英語」と狭義に解釈してしまったのが、誤解の源である。

また、平泉氏は、英語教育の成果が上がらない理由の一つに「学習意欲の欠如」を挙げ、それは日本では「外国語能力のないことは事実として全く不便をきたさない」からだとしている。日本は、英語を第二言語として日常的に使うわけではなく「外国語としての英語環境」である現実を踏まえ、「平泉試案」では、高校においては希望者だけを英語コースで特訓する案を出したが、これが「エリートを選別する考え」だと受け取られた。英語コースでは英語の授業時間数を増やし、夏休みは集中訓練を実施し、結果として「国民師弟の約五パーセントが外国語の実際的能力を持つようなことになれば望ましい」と数字を出したのも誤解され、五パーセントの高校生だけを選んで英語をやらせるエリート主義として批判を浴びる結果となった。この点を質問すると平泉氏は、「せめて学習者の五パーセントは外国語が役に立つようにして欲しい、歩留まり五パーセントということ。一〇パーセントは難しいと思ったから」と答えた。平泉氏は元外交官であり、英語だけでなく、フランス語、ドイツ語、中国語に堪能であり、三〇代終わりから四〇代にかけてロシア語学習も始めたくらい外国語学習の経験が豊富であることから、現実的な案を考えたと思われる。ちなみに、ご子息の平泉信之氏によれば、[2] 平泉氏は毎朝、大音量でロシア語のテープをかけながら、朝の身支度をする三〇分くらいの間テープを聴いては自ら発音する、ロシア語でプーシキンの詩を暗誦したり、発する間投詞や独り言が全部ロシア語だったりなど「家庭ではロシア語に没入する日々を送っていた時期があり、フランス語、英語の水準には到達していなかったものの、ドイツ語、中国語の水準には達していた」と考えられ、「発音は完璧だとロシア人が驚いていた」という。これは平泉氏が手を染めた全言語に共通していることであり、外国語学習においてとりわけ音声を重視していたのは、「発音はその言語を母語とする人達の精神または美意識の顕現である。したがって、然るべき発音で外国語を話すことは、その言葉を母語とする人達に対する最大級の共感・賞賛の表明であり、会話をしている両者の距離を一気に縮める」という持論による。

「平泉試案」では、義務教育である中学に「世界の言語と文化」という教科を設けて、「アジア・アフリカ・ヨーロッパ・アメリカの言語と文化」についての基本的な「常識」を教え、英語は、「現在の中学一年生修了程度まで」を外国語の一つの「常識」として教えることを提案した。つまり、ごく基本的な英語学習だけをさせ、むしろ世界の言語と文化について学ばせる教科を作り外国語学習の素地を培うべきだという主張は、外交官ならではの発想である。今でいうなら「多文化学習」ともいうべき斬新な案であるが、これについてはまったく世間の関心を招かなかったし、文部省は完全に無視したようである。

†「平泉・渡部論争」の社会的意義

このように「平泉試案」は、外国語としての英語という環境を直視した現実的な案であると同時に、英語学習を阻害することを理由に入試科目から英語を外すことや、多文化共生社会を先取りしたような科目設定まで提案している画期的なものであったが、「実用英語」という言葉だけが一人歩きし、平泉氏の真意から離れた解釈が流布されている。多くの英語教育関連の書籍でも、「話せるための英語」を主張した平泉氏と「教養としての英語で構わない」と述べて英語教員を守ろうとした渡部氏という図式が定着している。

この「英語教育大論争」は、社会で大きな話題となりマスコミでも取り上げられたが、実際に英語教育改革にどのようにつながったかは明らかではない。「平泉試案」を受けて文部省が立ち上げた有識者会議では、教員の研修が重要だという結論を導き、現在まで続いている、現職教員を対象とする「つくば研修」が始められたというのが、具体的な成果のようである。

特筆すべきは、この英語教育大論争で「教養のための英語」を主張した渡部昇一氏が圧倒的な支持を受けたことである。渡部氏自身が、筆者によるインタビューで、「英語教員の守護神のようになった」と語ったし、平泉氏は「英語教員の集まり」（ELEC）に招かれて行ったところ英語教員から袋だたきに遭ったと不快感を隠さなかった。平泉渉氏による革新的な改革案に危機感を覚えた英語教員の多くが、読み書き中心の英語教育を渡部教授が弁護し守ってくれたと感じたのであろう。

寺沢拓敬《たくのり》氏は著書『「なんで英語やるの？」の戦後史』で、別の見方を提示している。渡部説が支持されたのは「すべての生徒が外国語を学ぶ」ことを擁護したからという分析である。平泉氏は、すべての生徒が外国語を学ぶことを否定したわけではなく、高校では希望した生徒を特訓する、すなわち英語に対する関心の有無によって学習量に濃淡をつけようと提案したのだったが、真意を理解されずエリート主義だと批判された。「平泉試案」が支持されなかったのは、全員が平等であるべき公教育の根幹を揺るがすような大胆な改革であったからであろう。

さらに言えば「平泉試案」は、「実用に使える英語」の提案だと誤解されたまま社会に浸透していった点が否めないように思う。事実、その後は「コミュニケーションに使える英語」を目指した改革が、雪崩のように英語教育界を襲っていく。

†臨時教育審議会

コミュニケーションを目指した英語教育を徹底させる為に大学入試改革を断行し、英語の入試に民間試験を使うという文科省案に学校現場は衝撃を受けているが、実はこの政策は唐突に出てきたものではない。

その端緒は一九八四年に中曽根康弘総理が設置した臨時教育審議会に遡る。この審議会は俗に「臨教審」と呼ばれ、「政府全体の責任で長期的展望に立って教育改革に取り組む」ことを目的とする総理大臣の諮問機関であった。政治主導での教育政策立案の始まりである。

一九八五年に「六年制中等学校や共通テスト」を中心にした第一次答申、一九八六年には「教育改革」に関する第二次答申、一九八七年に「教科書検定制度の強化、大学教員の任期制」についての第三次答申、最後の第四次答申では「個性尊重、生涯学習、変化への対応」を取り上げた。会議は総会九〇回を含めて六六八回、委員二五名、専門委員二〇名、団体や有識者からのヒヤリング四八三名、公聴会は全国各地で一四回という大規模な教育改革論議であった。

英語教育については、「教育改革に関する第二次答申」の第三部「時代の変化に対応するための改革」「第1章　国際化への対応のための諸改革」において、「外国語教育の見直し」として抜本的な改革が打ち出された。前提として「現在の外国語教育、とくに英語の教育は、長期間の学習にもかかわらず極めて非効率であり、改善する必要がある」と、平泉試案を思い起こさせるような文章から始められている。

続いて改革すべきことが三点に分けて説明されている。

一番目に、「各学校段階における英語教育の目的の明確化、学習者の多様な能力・進路に適応した教育内容や方法の見直しを行う」ことを求めている。

二番目が大学入試についての提言である。

大学入試において、英語の多様な力がそれぞれに正当に評価されるよう検討するとともに、第三者機関で行われる検定試験などの結果の利用も考慮する。

入試センターによる英語試験に替えて「民間試験」を導入する案の布石が既に出ている。

第三番目は「日本人の外国語教員の養成や研修を見直すとともに、外国人や外国の大学で修学した者の活用を図る。また、英語だけでなくより多様な外国語教育を積極的に展開する」である。このうち、「日本人の外国語教員の研修」は既に実施されている。「外国人の活用」は、JETプログラム（一九八七年「語学指導等を行う外国青年招致事業」）等による外国人ALTの活用で実行されている。「英語だけでなくより多様な外国語教育を積極的に展開する」は、ほとんど実現していない。

提言では、英語教育の内容について、「これからの国際化の進展を考えると、日本にとって、これまでのような受信専用でなく、自らの立場をはっきりと主張し、意思を伝達し、相互理解を深める必要性が一層強まってくる。その手段としての外国語、とくに英語教育の重要性はますます高まってくるものと考える」と述べ、「しかし、現在の外国語教育については、長時間かつ相当の精力を費やしているにもかかわらず、多くの学習者にとって身に付いたものとなっていない」と厳しく批判している。

その上で、中学校、高等学校等における英語教育が「文法知識の修得と読解力の養成に重点が置かれ過ぎていること」を批判し、大学においては「実践的な能力を付与することに欠けていることを改善すべき」としている。英語教育の提言に関する部分の末尾には、「英語教育の開始時期についても検討を進める」との一文が入り、傍線をつけて強調されている。当時、ヒヤリングに招かれた小池生夫《いくお》氏（慶應義塾大学名誉教授、元・大学英語教育学会会長）が小学校での英語教育開始を強く主張して挿入されたものであり、この答申こそが「今日までの英語教育の基本方針のスタートである」と小池氏自身が筆者に認めている（鳥飼、二〇一四）。

†一九八九年学習指導要領改訂

英語教育の抜本的改革を迫った「臨教審第二次答申」は、一九八九年告示の学習指導要領に直ちに生かされ、そこでは「外国語で積極的にコミュニケーションを図ろうとする態度の育成」が目標として掲げられた。英語教育の目的が「コミュニケーション」にあることが明記されたのは初めてのことであった。政府の公式文書に「コミュニケーション」という英語がカタカナ表記で登場したのも異例で、文部省内で相当な議論になったようである。新設された「オーラル・コミュニケーション」という科目は注目を集め、各地の高校でディベートやディスカッションが盛んになった。

しかし、当時の文部省で中高の学習指導要領作成を担当した教科調査官であった和田稔氏にとって、これは不本意であった。「コミュニケーション能力の四要素」（文法的能力、談話能力、社会言語的能力、方略的能力）[3]を念頭に教育課程に生かしたものの、「オーラル・コミュニケーション」はあくまで選択科目であるので、「これを中心にするのは趣旨が違います。当時も今もディベートやディスカッションばかり注目されるのは不本意です。中心は「英語Ⅰ・Ⅱ」です。ところが、研究指定校でもディベートやディスカッションばっかりになっちゃって。「コミュニケーション能力」は、「聞く、話す」という理解になってしまいましたね」（鳥飼、二〇一四）と慨嘆する。

つまり、「コミュニケーション」の意味が、学習指導要領作成担当者の考えとは離れ、「聞く、話す」を指すことだと学校現場で誤解されて全国に広まったことになる。実際、この時の学習指導要領が嚆矢《こうし》となり、日本の公教育における英語は、「コミュニケーションは会話力」であるとの理解に基づき、聞いて話す力を育成するという方向に大きく舵を切ったのである。

†「「英語が使える日本人」の育成のための行動計画」

「コミュニケーション」を強く打ち出した学習指導要領を徹底させ補強させるためであろう。文科省は二〇〇二年、「「英語が使える日本人」の育成のための戦略構想」を公表して予算を確保し、翌年から「「英語が使える日本人」の育成のための行動計画」(二〇〇三〜〇七年)を実施した。この五か年計画では、センター試験にリスニングテストを導入する計画、小学校での英語教育についての検討、公立中高の全英語教員に対する集中的研修、SELHi(Super English Language High School)事業、ALT増員など、かつてないほど大規模かつ網羅的な改革案が盛り込まれた。

二〇〇八年には学習指導要領を改訂し、小学校では「外国語活動」として週一コマ(一単位時間、小学校で四五分[4])の英語活動が五・六年生を対象に必修化された(二〇一一年度より施行)。中学校では、長きにわたり週三コマ(一コマ=一単位時間は中学で五〇分)に減らされてきた英語の授業を週四コマに復活した（二〇一二年度より）。いずれも目的は「コミュニケーションに使える英語」であるが、英語教育が会話に偏ってしまったことへの反省からか、「4技能による総合的コミュニケーション能力の育成」を目指すとなった。

二〇〇九年には高校の学習指導要領が告示され二〇一三年から施行されているが、「英語の授業は英語で行うことを基本とする」と明記されたことが物議を醸した（序章参照）。日本語で説明しても分からない生徒にどうやって英語で授業をするのか、高校生の知的レベルに合った授業内容にならない、と現場は困惑し混乱した。これに対し文科省初等中等教育局は、「基本とする」ということなのだから、現場の判断で構わないと回答し、「学習指導要領解説」（二〇一〇）では、「状況に応じて英語で行う」と説明した。

しかし、「英語で授業を行う」ことについて、文科省は強いこだわりを持っているようであり、学習指導要領に従って授業をするよう現場の教員への指導を強めた（「英語による授業」については、第2章で詳述する）。

そして二〇一二年以降は、「グローバル人材育成戦略」という国家政策の一環として英語教育改革が続けられており、これは大学教育にも多大な影響を与えている。

3 「グローバル人材育成」という国家政策

†「グローバル人材育成戦略」

日本政府は二〇一一年五月、新成長戦略実現会議の下に関係閣僚（議長：内閣官房長官、構成員：外務大臣、文部科学大臣、厚生労働大臣、経済産業大臣及び国家戦略担当大臣）からなる「グローバル人材育成推進会議」を設置し、同年六月に「中間まとめ」、二〇一二年六月四日に「審議まとめ」として「グローバル人材育成戦略」を公表した。「はじめに」では、次のような問題意識が述べられている。

人口減少と超高齢化が進む中で、東日本大震災という深刻な危機を経験した我が国経済が本格的な成長軌道へと再浮上するためには、創造的で活力のある若い世代の育成が急務である。とりわけ、グローバル化が加速する21世紀の世界経済の中にあっては、豊かな語学力・コミュニケーション能力や異文化体験を身につけ、国際的に活躍できる「グローバル人材」を我が国で継続的に育てていかなければならない。

続けて、「あらためて言うまでもなく、国内外のグローバル化の流れはその速度を不可逆的に増している」と記されている。「不可逆的」であったはずのグローバル化が、わずか数年後には、英国のEU離脱や米国の内向き志向など「逆流」現象に見舞われたのは皮肉なことである（グローバル化の逆流については、第4章で説明する）。

「グローバル人材」の要素について、「審議まとめ」では次のように述べている。

要素Ⅰ：語学力・コミュニケーション能力
要素Ⅱ：主体性・積極性、チャレンジ精神、協調性・柔軟性、責任感・使命感
要素Ⅲ：異文化に対する理解と日本人としてのアイデンティティー

しかし、三番目の要素として挙げられている「異文化に対する理解と日本人としてのアイデンティティー」という重要な点について、さしたる検討はなされておらず、二番目の

人格的な要件についても具体的な説明はない。詳述されているのは、以下の通り「要素Ⅰ：語学力・コミュニケーション能力」である。

グローバル人材の概念に包含される要素の幅広さを考えると、本来、その資質・能力は単一の尺度では測り難い。しかし、測定が比較的に容易な要素Ⅰ（「道具」としての語学力・コミュニケーション能力）を基軸として（他の要素等の「内実」もこれに伴うものを期待しつつ）、グローバル人材の能力水準の目安を（初歩から上級まで）段階別に示すと、例えば、次のようなものが考えられる。

① 海外旅行会話レベル
② 日常生活会話レベル
③ 業務上の文書・会話レベル
④ 二者間折衝・交渉レベル
⑤ 多数者間折衝・交渉レベル

「語学力」と「コミュニケーション能力」はひとくくりに論じられ、「語学力」「コミュニケーション能力」を「測定が比較的に容易な」「道具」として考える素朴な言語コミュニケーション観が明白である。「ことば」や「コミュニケーション」は単なる道具ではない。「ことば」というのは、人間の思考そのものであり、文化を支え文化に支えられ、個人のアイデンティティを形成するものである。

そして「コミュニケーション」とは、言語によるコミュニケーションだけでなく、非言語（ジェスチャー、表情、声、時間や空間の捉え方など）による場合もあり、対面でのコミュニケーションもあれば、文字を通してのコミュニケーションもある。いずれの場合も、歴史や社会、文化やその場の状況などのコンテクストに大きく依存する、全人的な行為である。複雑極まりない「言語」と「コミュニケーション」を単なる「道具」だと割り切り、数値で測定できると軽く考えている限り、言語力もコミュニケーション能力も伸長は難しい（第4章に詳しい）[5]。

グローバル人材に必要な「語学力」と「コミュニケーション能力」の定義はなされていないが、この記述に続けて、TOEFLスコアの国別ランキングで「我が国は163か国中135位、アジア30か国中では27位と低迷している」とあり、具体的な対策として「英語教育の強化」とあるので、「語学力・コミュニケーション能力」は英語の運用能力を指しており、英語力とはすなわちTOEFLのスコアを念頭に置いていると判断できる。しかしTOEFLがいかに標準テストとして優れた試験であっても、英語コミュニケーション能力のすべてを測定できるわけではない。言語コミュニケーションとは、社会や文化と密接に絡み合う動的かつ人間的な営みである。その認識が欠落したまま、道具としての英語力育成計画が、「グローバル人材育成」という錦の御旗のもとに実施されつつある。

†「グローバル人材育成」のための英語教育

「グローバル人材育成戦略」において、英語教育については、「初等中等教育段階の実践的な英語教育を抜本的に充実・強化することが不可欠である」と記され、「特に、小中高を通じて英語・コミュニケーション能力等の育成を図るとともに、児童・生徒の国内外における異文化体験の機会を充実させることが重要である」と述べられている。

「児童・生徒の国内外における異文化体験の機会」とあるのが何を指しているか詳《つまび》らかではないが、「大学や民間団体等との連携を強化する。また、JETプログラム等の活用を通じた地域レベルでの国際交流・相互理解の一層の促進を図る」「外務省、文科省（による提案)」とあることから、国内ではいわゆるALTによる英語授業を「異文化体験」とみなすのかもしれないし、民間団体による国際交流活動を支援することや、国外については姉妹校での語学研修を推奨することなどを想定しているのかもしれない。

「グローバル人材の育成のため、18歳頃から概ね20歳代前半までに1年間以上の留学ないし在外経験を有する者を8万人規模に増加させ、18歳頃の時点までの留学・在外経験者約3万人と合わせて11万人規模(同一年齢の者のうち約10%に相当)とすることを目指す」とあり、特に高校生の海外留学を積極的に奨励している。ただ、留学が「英語・コミュニケーション能力育成」を目的とするものなのか、「異文化体験」を重視するのかは判然としない。さらに言えば、「異文化」を「体験」することが、どのように「異文化理解」につながるのかについての議論はない。

海外の異文化コミュニケーション研究者の間では、留学による異文化体験が必ずしも異文化理解につながるとはならない状況をふまえ、どのように教育したら留学が異文化理解という成果を生むのかが課題となっており、特にヨーロッパで問題意識が強い。そのような視点から見ると、「異文化体験」だけを謳っている日本政府の文書は空疎に響く。

†国をあげての危機感

「グローバル人材育成戦略」は理念を語り課題を深く議論するというよりは、外務省、文部科学省、厚生労働省、経済産業省など関係各省による政策を網羅的にまとめたもののようである。ただ、一貫性がないわけではない。根底に流れているのは、グローバル化を不可避と考え、英語コミュニケーション能力を備えてグローバルに活躍することのできる人材育成が喫緊《きっきん》の課題である、という危機意識であり焦燥感である。

「おわりに」では、次のように国を挙げての取り組みを呼びかけている。

本戦略の問題意識の中核は、英語教育の強化、高校留学の促進、大学入試の改善や採用活動の改善等をはじめとする具体的方策に、高校関係者・大学関係者・企業関係者・保護者等が一斉に取り組むことで、若い世代を後押しする好循環を我が国社会全体で生み出そうとする点にある。つまり、グローバル人材の育成は、ひとり政府・行政関係者のみならず大学関係者・団体や企業関係者・経済団体等を主動的な起点とする一つの社会的な運動として、継続的な取り組みが求められることとなる。

経済界に対しては、次のように述べて採用等の面での協力を求めている。

グローバル人材の育成・活用の必要性を最も痛切に感じているのも、経済社会が中長期的に活性化することで直接のメリットを享受するのも、人材を採用する企業等の側である。

これまで概観してきた通り、「グローバル人材育成戦略」という政策の骨子を約言すれば、「英語を駆使してグローバルに闘う企業戦士の育成」に収斂すると考えられる。だからこそ、日本経済団体連合会（経団連）は二〇一三年「世界を舞台に活躍できる人づくりのために」と題した提言で、グローバル人材育成政策を財界の立場から後押ししている。そして、この政策は二〇一三年教育再生実行会議の第三次提言「これからの大学教育等の在り方について」として具体化し、「グローバル化に対応した英語教育改革実施計画」「スーパーグローバル大学創成支援事業」という形で、教育現場を揺るがしていく。その実像を次に見ていく。

†文科省「グローバル化に対応した英語教育改革実施計画」(二〇一三)

「グローバル人材育成戦略」が公表された翌年の二〇一三年には、政府教育再生実行会議第三次提言において、「大学入試や卒業認定におけるTOEFL等の外部検定試験の活用」「小学校の英語学習の抜本的拡充(実施学年の早期化、指導時間増、教科化、専任教員配置等)」「中学校における英語による英語授業の実施」等、「グローバル人材育成戦略」に応える形で英語教育政策の方向性を定めている。

文科省は二〇一三年一二月に「グローバル化に対応した英語教育改革実施計画」を公表し、「小学校高学年に教科として英語を導入する」「中学校、高校で授業を英語で行う」など、二〇二〇年から順次施行の新学習指導要領の概要を、この時点で明らかにした。この「実施計画」に沿い、二〇一六年一二月に中教審が答申、二〇一七年三月には小学校・中学校の新学習指導要領が確定した。[6] 二〇一二年の「グローバル人材育成戦略」が、二〇二〇年以降、一〇年間にわたり小中高の英語教育を規定する新学習指導要領を通して実施されることになる。

新学習指導要領については、次の第2章で論じる。

†「スーパーグローバル大学創成支援事業」

「グローバル人材育成戦略」の影響は大学にも及んでいる。文部科学省による「スーパーグローバル大学創成支援事業」は、一〇年後を見据え徹底した「大学改革」と「国際化」を断行し、「国際通用性、ひいては国際競争力の強化に取り組む大学の教育環境の整備支援を目的」としている。

「タイプA トップ型」は、「世界大学ランキングトップ一〇〇を目指す力のある、世界レベルの教育研究を行うトップ大学を対象」とし、東京大学、大阪大学、慶應義塾大学、早稲田大学など一三大学（国立一一、私立二）が採択となった。

「タイプB グローバル化牽引《けんいん》型」は「これまでの実績を基に更に先導的試行に挑戦し、我が国の社会のグローバル化を牽引する大学を対象」とされ、千葉大学、国際基督教大学、上智大学、立教大学など二四大学（国立一〇、公立二、私立一二）が採択されている。

実施期間は最大一〇年間である。毎年度ごとのフォローアップ活動に加え、「支援開始から四年目の平成二九年度と七年目の平成三二年度に中間評価、支援終了後（支援開始から一一年目の平成三六年度）に事後評価を実施する予定」とあり、「これらのフォローアップ活動及び中間評価の結果は、翌年度の補助金の配分に勘案されるとともに、事業目的、目標の達成が困難又は不可能と判断された場合は、事業の中止も含めた計画の見直しを行うことがあります」となっている。

主要大学が国策に沿ってグローバル化を推進することで、日本の大学は、国際化という名の英語化へ向けて邁進中であると言ってよい。

「スーパーグローバル大学創成支援事業」成果の指標は多岐にわたり、英語に関連するものとしては、例えば次のような項目がある。

国際化関連
「外国人及び外国の大学で学位を取得した専任教員等の割合」
「全学生に占める外国人留学生の割合」
「日本人学生に占める留学経験者の割合」
「大学間協定に基づく交流数」
「外国語による授業科目の数・割合」
「外国語のみで卒業できるコースの数等」

「学生の語学レベルの測定・把握・向上のための取組」
「シラバスの英語化の状況・割合」
「柔軟な学事暦の設定の有無」

これらを達成する為に応募大学が練った構想の多くは、「外国語」が「英語」に置き換えられ、「大学入試へのTOEFL等外部試験の活用」「専門科目の英語による授業」など、「英語」が主たる柱である。TOEFL、TOEIC等の外部試験スコアの数値目標を定め、目標達成を目指して英語教員と学生を追い立てている大学も多い。

採択されるために、日本政府が考える「グローバル人材育成」に沿った構想を策定したことにより、各大学は、独自に大学教育のあり方を考えるというよりは、横並びで英語偏重にならざるをえないというのが実状である。

†和製グローバル人材育成

東大からオックスフォード大学へ移った教育社会学者の苅谷《かりや》剛彦《たけひこ》教授は、近著『オックスフォードからの警鐘――グローバル化時代の大学論』(中公新書ラクレ、二〇一七)においいて、スーパーグローバル大学創成支援事業について取り上げている。

興味深いのは、「外国人及び外国の大学で学位を取得した専任教員等の割合」の実態が、多くの大学で「外国で通算一年以上三年未満の教育研究歴のある日本人教員」であるという、大学の構想調書から割り出した指摘である。

大学の専任教員に関するこの要件は、短縮して「外国人教員等の割合」と呼ばれることがあるが、仔細に検討すると、「教員等」についている「等」に入るカテゴリーの教員が多い。「外国人」でもなく「外国の大学で学位を取得した」のでもない、外国で教育研究をしたことのある「日本人教員」が多いという発見である。

「外国籍の教員」が全専任教員に占める割合はほとんどの大学で、他の教員グループに比べて最も低く、二〇一三年は、「トップ型」大学で四・八パーセント、「牽引型」で一四・六パーセントである。これを一〇年後の二〇二三年には「トップ型」で一二パーセント、「牽引型」で二〇・五パーセントに増やす達成目標となっている。それに対して、多くの大学で、現状でも一〇年後の達成目標でも最多が、「外国で通算一年以上三年未満の教育研究歴」を有した日本人の専任教員である。一年の研究休暇を二度とって海外で過ごせば、「外国で一年以上三年未満」という条件を満たす。大学の専任教員は通常、七年に一度は

「サバティカル」と呼ばれる有給の「研究休暇」を取得することが可能である。「研究休暇」であるから研究は行うものの、受け入れ先の大学で正式に教育を行うわけではないし、学位を取得するわけでもない。このような「等」の範疇に属する日本人教員グループが全専任教員に占める割合は、「トップ型」大学で二〇一三年が一〇・九パーセント、一〇年後の達成目標は一六・二パーセントであり、「牽引型」では二〇一三年が一二・九パーセント、一〇年後の達成目標は二一・九パーセントである。

採択された大学の多くは、一〇年後の二〇二三年に学部授業の五分の一を英語で行うことを想定しているが、英語での専門科目授業を担うのは外国籍の教員や海外の大学院で学位を取得した教員よりは、「外国で通算一年以上三年未満」を過ごしたことのある「日本人教員」が多くなる。

考えてみれば、これは致し方ない事情による。多くの大学が一〇年後に専任教員数を増やす予算増を見込めないでおり、そのような中、外国籍教員の割合を増やしたら日本人教員の数を減らすことになってしまうからである。政府主導の非現実的な数値目標に形だけ合わせた結果が、英語で授業する専門科目は、多くの場合、日本人教員が担うという実態[7]である。これでは大学における授業形態や教育内容が、「世界の大学と並ぶような学修時間やきめ細かい指導」にはならず、日本型の大学教育にとどまることを余儀なくされると苅谷教授は憂慮し、グローバル人材育成政策の内実は、「和製グローバル化」政策であると卓見を述べている。

政府による「グローバル人材育成」政策は、大学の国際化を目指して推進されているはずであるが、そうであるなら、せめて「トップ型」の国立大学だけでも英米の主要大学の教育内容を参照し、日本の大学教育を質的に転換するのではなかったのか、という問題提起と考えられる。

†表面的な改革

苅谷氏は著書の中で、オックスフォード大学の教育内容を詳細に紹介している。「教育・研究面での大学運営についての自由度が高い」など組織的な特徴を概説した後、「学生二、三人に一人の教員がついて毎週行う」個別指導では、「ともかく、たくさん学生に読ませ、書かせ、それをもとに議論することの繰り返し」であり、「学生に大きな負荷をかける」ことを説明する。「チュートリアル」と呼ばれるこの教育実践は、「イギリス社会に根づいている個人主義（自立した個人＝市民の相互承認によって社会が成り立っていると考える）の思想と分かちがたく結びついている。大量の文献を読ませることで共通の知識の基盤を提供した上で、その知識を用いてそれぞれが独自にどのように考えるのか、批判的思考力を徹底して鍛える方法」であり、これが「強制による主体（subject）づくりの学習」であることが分かる。

「批判的思考」は日本でも「クリティカル・シンキング」（critical thinking）と呼ばれて盛んに喧伝されるようになっており、批判的思考力をつけさせる方策として最近は、「アクティブ・ラーニング」（active learning）が推奨されている。新学習指導要領では「主体的・対話的で深い学び」として、一つの目玉にさえなっている。大学でも、学生の主体的な授業参加により批判的思考を促す方法として「アクティブ・ラーニング」が求められている。

しかし苅谷氏は問う。

講読文献や論文執筆等の点で学習への負荷が小さいままであれば、表面的にはどんなに積極的に授業に参加しているように見える学生が増えても、そこで育成される思考力が深いものになるとは限らない。行動として目に見える一見主体的な学習への参加が、主体的な学習を生み出す保証はないのである。ましてや自立した個人の育成につながるとは限らない。特にこれまでのように、学生たちに学習の負荷を大きくかけないカリキュラムの構造（週に十何種類もの授業を履修！）を変えないままであれば、参加型学習のススメは表層的な活動主義に終わる可能性が高い。

これは耳が痛い。すでに多くの日本の教育現場で、学習者主体と称して、教員が学びを強制することを避け、生徒や学生たちが楽しく活発に話し合い、発表をする、という授業形態が増えている。確かに一見、「主体的」に参加している授業風景ではあるが、それがどれだけ主体的な自立した個人を育てることになっているのか、心もとない。

「国際化」を目指した日本の教育改革は、欧米の教育をモデルにしていながら、その理念や実践の全体を理解しようとするのではなく、表面的な部分だけを取り出して導入するので、根本的な改革にはつながらない。「批判的思考」や「アクティブ・ラーニング」という器だけを輸入しても、器の中身や作り方を吟味してカリキュラムのありかた自体を転換しない限り、教育改革も表層的なもので終わってしまう。

第2章で述べるように、文科省は、CEFRという「自律した学習者」を目指す包括的な言語教育参照枠の一部だけを導入しており、言語教育のありかたを根源的に見直すために活用するまでには至っていない現実と、軌を一にしている。

もっと言えば、日本社会は本当に「自立[8]した個人」を育てたいのか、という疑問にもぶつかる。「主体的で自立し、批判精神旺盛な個人」は、和をもって尊しとなす日本社会で果たして求められているのだろうか。欧米の教育実践の一部を恣意的に表面だけ導入しても、カリキュラムなど教育の根本を変えようとしないのは、もしかすると日本社会の本音が表れているのかもしれない。

†「専門の講義を英語で」という陥穽

表面的な「国際化」は、スーパーグローバル大学が軒並み実施（を余儀なくされ）している、大学の専門科目を英語で授業する、という方針にも見て取れる。

先に紹介した通り、「スーパーグローバル大学」として採択された大学の多くは、一〇年後の二〇二三年に学部授業の五分の一を「英語で」行うことを想定している。英語を教える授業ではなく、さまざまな専門科目を英語で講義するのである。大学カリキュラムを欧米型に根こそぎ変革するというよりは、従来の教育課程に少し手を加えて英語での授業科目を増やす、という形態が多い。その英語での授業を担うのは、「外国で通算一年以上三年未満」を過ごしたことのある「日本人教員」が多いことは先ほど述べた通りである。

つまり、英語での講義を増やすことは、それによって日本の大学教育を抜本的に変えて欧米型にすることまでを狙ったものではない。海外からの留学生のためという理由が挙げられるが、日本に来る留学生は大半が中国・台湾・韓国からであり英語が堪能ではなく、むしろ日本語教育の充実が喫緊の課題である。専門科目の授業を英語で行うことを国際化につなげるにはどうするべきなのか、もっと議論を尽くして考えてよい。

苅谷氏は「英語で授業」の中身を問題にし、たとえ英語で行われる授業が増えたとしても日本の大学教育の質的転換は起こらないことを詳しく説明し、「無理に英語にすれば、質の低下さえ起こりかねない」と危惧している。さらに「これまで日本語の壁によって海外に知られずにすんでいた日本の大学教育」が、英語で授業を行うことで「海外から丸見え」「グローバルにあらわになる」と警告する。

大学における専門科目の授業を英語で行うことが、「言葉の上だけの事柄としてしか認識されない、和製グローバル化政策の本質が露呈している」という鋭い見方が指し示しているのは、「グローバル化とは英語ができること」「グローバル人材とは英語ができる人材」としか考えない表層的な政策の根源的な欠陥である。

これまでの英語教育改革を振り返り、現在進行中の「グローバル人材育成」政策による大学教育の内容を概観したところで、次の第2章では、新学習指導要領について、検討する。

注

1 「「英語が使える日本人」の育成のための行動計画」(二〇〇三) など

2 平泉信之(一般財団法人)鹿島平和研究所会長によるメールでの回顧談(二〇一七年一〇月二〇日、二四日)

3 (1) 文法的能力 (grammatical competence：文法、音韻、語彙などの言語知識)、(2) 談話能力 (discourse competence：結束性と一貫性を持って論理的に書いたり話したりする能力)、(3) 社会言語的能力 (sociolinguistic competence：社会文化的に適切な言語を使用できる能力)、(4) 方略的能力 (strategic competence：コミュニケーションを円滑に進めるための方略)
(Canale and Swain, 1980, Canale, 1983)

4 授業「コマ」の正式名称は「単位時間」。一単位時間は、小学校で四五分、中学校・高等学校では五〇分が標準。

5 Dell Hymes, John J. Gumperz, Erving Goffman などが参考になる。筆者の考えは、次の書に詳

しい。『本物の英語力』（講談社現代新書、二〇一六）、『話すための英語力』（講談社現代新書、二〇一七）

6 高等学校の新学習指導要領は、二〇一七年度末に公示が予定されている。

7 「学修」とは「知識・技能を学んで身につけること」で、授業で習い学ぶ「学習」と異なり、予習復習を含め自らが能動的かつ主体的に学ぶことを指す。平成二四年に中央教育審議会による答申「新たな未来を築くための大学教育の質的転換に向けて――生涯学び続け、主体的に考える力を育成する大学」で統一して「学修」を使ったことから広まった。

8 英語の autonomy は、日本語では「自律性」と「自立性」の両方が使われる。筆者は言語教育に関しては、自らを律するという意味で「自律」を使うが、引用など、文脈によっては「自立」とする場合がある。

第２章

二〇二〇年からの英語教育

――新学習指導要領を検証する

1　新学習指導要領とはどんな内容か？

†「学習指導要領」とは何？

「学習指導要領」とは何か、文科省は次のように説明している。

全国のどの地域で教育を受けても、一定の水準の教育を受けられるようにするため、文部科学省では、学校教育法等に基づき、各学校で教育課程（カリキュラム）を編成する際の基準を定めています。これを「学習指導要領」といいます。

「学習指導要領」は小学校、中学校、高等学校ごとに、それぞれの教科の目標やおおまかな教育内容を定め、別に年間の授業時間数なども定めている。つまり具体的な教育課程（カリキュラム）の指針を書いた文科省の「大臣告示」である。法令ではないものの、「学習指導要領」に準拠して検定教科書が作成され、公立学校における教育は「学習指導要領」をふまえて実施される。私立学校は建学の精神に基づいて自由に教育内容を定めることが可能ではあるが、センター入試も「学習指導要領」に基づいて出題されるので無視できない。

「学習指導要領」が現在のような形になったのは昭和三三（一九五八）年で、それ以来、ほぼ一〇年ごとに改訂されてきた。現行の学習指導要領は、平成二三（二〇一一）年から二五（二〇一三）年にかけて、小学校、中学校、高等学校と順次施行されている。

改訂された新学習指導要領は、二〇一六年度（二〇一七年）三月三一日に告示の小学校は二〇二〇年度から、同時に告示された中学校は二〇二一年度から全面実施される。高校については二〇一七年度（二〇一八年）に告示予定、二〇二二年度から年次進行で実施予定である。今回の学習指導要領改訂がこれまでと異なるのは、「教育基本法と一体のもの」（池田、二〇一七）である点だとされている。つまり、二〇〇六年に改正された教育基本法の精神が新学習指導要領によって学校現場で具体化されることになる。

†二〇二〇年からの新学習指導要領──全体の方針

高校の学習指導要領の概要は中教審の答申で既に公表されている。新学習指導要領の全体を読んでみると、小学校・中学校・高等学校と共通して述べられている箇所もあり、英語の場合は、ほぼ同一の文言が並んでいる印象が強く、よほど注意深く読まないと、どれが小学校用か中学・高校用か分からないくらいである。

まず「第一章　総則」という冒頭の文章は、学校教育の基本と教育課程の役割について、教育基本法をふまえ全般にわたって説明している。

次に、「学習指導要領」が目指す「育成すべき資質・能力」について、小中高とも共通の指針が述べられている。「資質」とは本来、「生まれつきの性質や才能」を指すので、それを「育成することは可能なのか?」という疑問を抱く教員もいるが、これは教育基本法に依拠しているというのが文科省の見解である。

「資質・能力」の内容については、(1)「何を知っているか、何ができるか(個別の知識・技能)」、(2)「知っていること・できることをどう使うか(思考力・判断力・表現力等)」、(3)「主体的に学習に取り組む態度も含めた学びに向かう力」の三点に分けられている。

†「思考力・判断力・表現力」

新学習指導要領がとりわけ力を入れて解説しているのが、「資質・能力」の中で「知識・技能」の次に登場する「思考力・判断力・表現力」である。この要素が、小中高の全教科にわたり度々登場することで、重視していることが読み取れる。

具体的にどのような力を指しているかといえば、「問題を発見し、その問題を定義し解決の方向性を決定し、解決方法を探して計画を立て、結果を予測しながら実行し、プロセスを振り返って次の問題発見・解決につなげていく」能力、「情報を他者と共有しながら、対話や議論を通じて互いの多様な考え方の共通点や相違点を理解し、相手の考えに共感したり多様な考えを統合したりして、協力」する「協働的に問題を解決する能力」だと説明されている。

これはよほどの大人でも身につけるのが至難な能力であるが、「問題を発見し、他の人たちと話し合いながら解決する」ことを可能にするのが、「思考力・判断力・表現力」であると、その意義が述べられている。

†「学びに向かう力」

「資質・能力」の三番目に出てくる要素は長文であり、見出しには「どのように社会・世界と関わり、よりよい人生を送るか（学びに向かう力、人間性等）」とある。「学びに向かう力」はともかく、「人間性」となると学校教育で扱えるものなのだろうかという疑問もあるが、学びには、学習態度も含まれるので、人間性が出てくるようである。内容として挙げられている項目は「主体的に学習に取り組む態度も含めた学びに向かう力」、「自己の感情や行動を統制する能力」、「多様性を尊重する態度と互いのよさを生かして協働する力」、「持続可能な社会づくりに向けた態度」、「リーダーシップやチームワーク、感性、優しさや思いやりなど、人間性等に関するもの」と、これでもかというくらいに多様な能力が詰めこまれている。

それに加えて、自らの思考のプロセス等を客観的に捉える力など、いわゆる「メタ認知」に関するものが入っている。「メタ認知」（metacognition）とは、「認知についての認知」、つまり自己の認知活動（知覚、情動、記憶、思考など）を客観的に捉え評価した上で制御することであり、それを行う心理的な能力を「メタ認知能力」という。メタ認知は様々な形でみられ、学習や問題解決でいつどのような方略を用いるかといった知識や判断も含まれる。現在では多くの教育現場で、メタ認知能力の育成が重要な課題となっている。[1]

「資質・能力」についての記述の最後は、「学習指導要領等を踏まえつつ、各学校が編成する教育課程の中」で、各学校の教育目標とともに、「育成する資質・能力のより具体的な姿を明らかにしていくことが重要である」と締めくくられ、「その際、子供一人一人の個性に応じた資質・能力をどのように高めていくかという視点も重要になる」と、多くの生徒[2]を指導する教師にとって、誠に重い責務が投げかけられている。

†「これからの時代に求められる資質・能力」

「資質・能力」には「これからの時代に求められるもの」も含まれている。

「グローバル化する中で世界と向き合うことが求められている我が国においては、日本人としての美徳やよさを備えつつグローバルな視野で活躍するために必要な資質・能力の育成が求められる」ことが前提として出されている。「日本人の美徳やよさ」とは、どういうものであるのか、気になる。「日本人」とひとくくりにされた中で、国家にとって都合の良い資質や能力を「美徳やよさ」と勝手に決めて、「グローバルな視野で活躍するために必要」なのだからと学校教育で一律に押し付けられるのはごめんだ、という思いである。

そのような不安を抱きながら次を読むと、「言語や文化に対する理解を深め、国語で理解したり表現したりすること」「外国語を使って理解したり表現したりできるようにすること」が必要だとある。国語もちゃんと学びましょう、英語も勉強しましょう、ということである。加えて「日本人として大切にしてきた言語文化を積極的に享受していくことや、芸術を学ぶことを通じて感性等を育むことなどにより、日本文化を理解して自国の文化を語り継承することができるようにする」とあり、要するに「日本語」や「日本文化」を大切に守るということを求めているのだが、「異文化を理解し多様な人々と協働していくことができるようになること」が重要であるともされている。

その上で、「日本のこととグローバルなことの双方を相互的に捉えながら、社会の中で自ら問題を発見し解決していくことができるよう、自国と世界の歴史の展開を広い視野から考える力や、思想や思考の多様性の理解、地球規模の諸課題や地域課題を解決し持続可能な社会づくりにつながる地理的な素養についても身に付けていく必要がある」と、なかなか壮大である。反対しようがない素晴らしいことであるが、これをどう小中高の教育で実現するのだろう。

新学習指導要領では、二〇二〇年東京オリンピック・パラリンピック競技大会についても言及し、「スポーツを通じて、他者との関わりを学んだり、ルールを守り競い合っていく力を身に付けたり」、さらには「多様な国や地域の文化の理解を通じて、多様性の尊重や国際平和に寄与する態度を身に付けたり、ボランティア活動を通じて、共生社会の実現に不可欠な他者への共感や思いやりを育んだりすることにもつながる」としている。東京オリンピック・パラリンピックに寄せる熱い思いは分かるとしても、一九六四年の東京オリンピックでは「多様性の尊重」や「国際平和に寄与する態度」や「他者への共感や思いやり」が身についたのだろうか、とつい考えてしまう。

東京オリンピック・パラリンピックが開催される二〇二〇年に小学校の学習指導要領が施行されるので触れたくなったということだろうが、オリンピック・パラリンピックが終わってからの一〇年間にわたる教育の道筋を決めるのが新しい学習指導要領である。一過性のイベントとは関係なく、腰を据えた教育理念が重要であろう。

2　新学習指導要領に見る英語教育

ここまで紹介してきた新学習指導要領で育成すべき児童・生徒の能力と資質については、「知識・技能」「知っていること・できることをどう使うか（思考力・判断力・表現力等）」「学びに向かう力」の三つの目標を軸にすべての教科が組み立てられ展開されており、英語科目も例外ではない。

そこで、新学習指導要領では英語について何が書かれているかを見てみよう。

新学習指導要領でも、一九八九年告示の学習指導要領以来の「コミュニケーションに使える英語」を基本としており、「外国語教育については、子供たちが将来どのような職業に就くとしても求められる、外国語で多様な人々とコミュニケーションを図ることができる基礎的な力を育成する」と謳っている。

現行の学習指導要領と新学習指導要領との大きな違いは、小学校英語である。現在は、五・六年生で行っている「外国語活動」（英語）は三・四年生で実施され、五・六年生では初めて「教科」として「外国語」（英語）を学習することになる。教科であるから検定教科書を使い、成績評価も入る。これまでは五・六年生でも「外国語活動」であったので、中学英語の前倒しではないという枠組みの中、文字は教えないことを前提に、歌ったり踊ったりゲームをしたりが主であったが、そのような英語に親しむための「英語活動」は三・四年生に下ろされたので、五・六年生は聞いて話すだけでなく読むことも書くことも学ぶことになる。

まずは三・四年生を対象とする「外国語活動」（英語）では何をどう教えるのか、さらに五・六年生で学ぶ教科としての「外国語」（英語）はどうなるのか、そして中学校英語にどう接続させるのか、新学習指導要領を見てみる。学習指導要領では「外国語」として「その他の外国語」もあり得ることが記されているが、「外国語科においては、英語を履修させることを原則とすること」とあるので、「外国語活動」「外国語（教科）」も事実上、英語を指している。

†「目標」

「外国語活動」（英語）の目標は、「外国語によるコミュニケーションにおける見方・考え方を働かせ、外国語による聞くこと、話すことの言語活動を通して、コミュニケーションを図る素地となる資質・能力を次のとおり育成することを目指す」とある。

では、教科となる小学校の「外国語」（英語）の目標はどうなっているだろう。「外国語によるコミュニケーションにおける見方・考え方を働かせ、外国語による聞くこと、読むこと、話すこと、書くことの言語活動を通して、コミュニケーションを図る基礎となる資質・能力を次のとおり育成することを目指す」（傍線は筆者による）とあり、違いは傍線を引いた箇所である。

つまり、「英語活動」では「聞くこと、話すこと」であったのが、教科としての「英語」では「読むこと、書くこと」が加わり、「英語活動」は「コミュニケーションを図る素地」とあるのが、教科では「素地」が「基礎」となっている。つまり、小学校三・四年生が「英語活動」で英語を使って歌ったりゲームをすることは「コミュニケーションの素地」であり、五・六年生が教科書を使って英語の4技能を学び成績評価もなされることは「コミュニケーションの基礎」ということになる。

では、中学英語の「目標」はどうなっているだろう。「外国語によるコミュニケーションにおける見方・考え方を働かせ、外国語による聞くこと、読むこと、話すこと、書くことの言語活動を通して、簡単な情報や考えなどを理解したり表現したり伝え合ったりするコミュニケーションを図る資質・能力を次のとおり育成することを目指す」（傍線は筆者による）とあり、前半は小学校の「英語」教科と変わりない。違いは後半の傍線部分「簡単な情報や考えなどを理解したり表現したり伝え合ったりする」であり、「コミュニケーションを図る資質・能力」からは「基礎となる」を外している。

ちなみに、現行の学習指導要領（中学）の「目標」は、「外国語を通じて、言語や文化に対する理解を深め、積極的にコミュニケーションを図ろうとする態度の育成を図り、聞くこと、話すこと、読むこと、書くことなどのコミュニケーション能力の基礎を養う」となっている。大雑把な印象では、現行学習指導要領と比較して新学習指導要領における中学校の英語教育は難易度が格段に上がっている。小学校で四年間も英語を学ぶのだから、中学ではそれなりの積み重ねを基に学習できるはずだ、そうしなければならない、という意識、あるいは覚悟のようなものがにじむ。

†何を育成するのか

さて、「目標」では、各段階ともに「次のとおり育成することを目指す」とあるので、次とは何が書かれているのか見てみよう。いずれも三点にまとめられている。

まず、小学校三・四年生の「外国語活動」では、第一に英語を通して「言語や文化について体験的に理解を深め、日本語と外国語との音声の違い等に気付く」とともに「外国語の音声や基本的な表現に慣れ親しむ」ことを目指す。

二番目に「身近で簡単な事柄について、外国語で聞いたり話したりして自分の考えや気持ちなどを伝え合う力の素地を養う」。そして最後に「外国語を通して、言語やその背景にある文化に対する理解を深め、相手に配慮しながら、主体的に外国語を用いてコミュニケーションを図ろうとする態度を養う」とある。

小学校の三年生と四年生が週に一コマ(四五分、年間三五単位時間)程度の授業で、歌ったり踊ったりゲームをしながら、ここまで到達することになっている。「言語や文化」について何を体験させ、どう理解させるのか、日本語と外国語との音声の違いについて誰がどのように気づかせるのか。どのような「基本的表現」を誰がどう指導して慣れ親しませるのだろうか。

もっとも、三・四年生は英語を学ぶのではなく「活動」なので、「素地を養う」「態度を養う」だけで十分であり、実際にできなくても良いのかもしれないが、「教科」となれば、そうはいかない。

小学校五・六年生が教科として学ぶ「英語」は、「年間七〇単位時間」と記されているが、実際に確保されているのは「週一コマ」であり、それでは「年間三五単位時間」にしかならない。そのため「四五分に一五分を加えるなど柔軟な時間割編成を可能」としており、各小学校の裁量に任されている。文科省は、二〇一七年五月二五日に「総合的な学習の時間（総合学習）」の一部を「英語」に振り替える措置を容認することを決定し、夏には省令（学校教育法施行規則の一部）を改正することで、なんとか年間七〇単位時間を確保しようとしている。「ゆとり教育」の象徴であった「総合的な学習の時間」は当初の週三コマ程度が、二〇一一年度から週二コマに削減されているが、二〇二〇年から「英語の時間」に替わるというのは、それこそ象徴的な変化である。

「教科」としての英語の具体的な目標は、やや長いかもしれないが、初めて教科として本格的に小学校で導入される英語が、どのような目標で実施されるのか知っていただきたいので、「学習指導要領」に記載されているままの「目標」を転載する。

（1）外国語の音声や文字、語彙、表現、文構造、言語の働きなどについて、日本語と外国語との違いに気付き、これらの知識を理解するとともに、読むこと、書くことに慣れ親しみ、聞くこと、読むこと、話すこと、書くことによる実際のコミュニケーションにおいて活用できる基礎的な技能を身に付けるようにする。

（2）コミュニケーションを行う目的や場面、状況などに応じて、身近で簡単な事柄について、聞いたり話したりするとともに、音声で十分に慣れ親しんだ外国語の語彙や基本的な表現を推測しながら読んだり、語順を意識しながら書いたりして、自分の考えや気持ちなどを伝え合うことができる基礎的な力を養う。

（3）外国語の背景にある文化に対する理解を深め、他者に配慮しながら、主体的に外国語を用いてコミュニケーションを図ろうとする態度を養う。

「外国語（英語）活動」に比べてはるかに詳細な記述である。余りに高度な内容なので驚愕し、これは中学校の学習指導要領ではないかと思ったので、比べてみると、中学校は次のようになっている。

(1)外国語の音声や語彙、表現、文法、言語の働きなどを理解するとともに、これらの知識を、聞くこと、読むこと、話すこと、書くことによる実際のコミュニケーションにおいて活用できる技能を身に付けるようにする。

(2)コミュニケーションを行う目的や場面、状況などに応じて、日常的な話題や社会的な話題について、外国語で簡単な情報や考えなどを理解したり、これらを活用して表現したり伝え合ったりすることができる力を養う。

(3)外国語の背景にある文化に対する理解を深め、聞き手、読み手、話し手、書き手に配慮しながら、主体的に外国語を用いてコミュニケーションを図ろうとする態度を養う。

小学校の「英語」と、中学校の「英語」の目標は、どこがどのように違うのか、クイズにしたいくらいである。違いがすぐには分からないくらい似ている。異なっているのは、小学校「英語」で学ぶ対象として出ていた「文字」「日本語と外国語との違いに気付き」

「読むこと、書くことに慣れ親しみ」「基礎的な」は中学校では削除され、小学校では「文構造」となっていたものが中学では「文法」になっているなどである。注意深く読めば違いはある。しかし、ざっと読んだだけでは小学校と中学校の差異は判然としない[3]。

ならば、高等学校の英語教育はどうなりそうか。二〇一七年一一月現在は新学習指導要領案を検討中であり確定ではないのだが、現時点では次のようになっている。傍線は、中学校学習指導要領と異なる記述である。

（1）外国語を通じて、言語の働きや役割などを理解し、外国語の音声、語彙・表現、文法を、聞くこと、読むこと、話すこと、書くことを用いた実際のコミュニケーションの場面において活用できる技能を身に付けるようにする。

（2）外国語でコミュニケーションを行う目的・場面・状況等に応じて、社会や世界、他者との関わりの中での幅広い話題について、情報や考えなどの概要・詳細・意図を的確に理解したり、それらを活用して適切に表現し伝え合ったりすることができる力を養う。

（3）外国語やその背景にある文化の多様性を尊重し、聞き手・読み手・話し手・書き手に配慮しながら、自律的・主体的に外国語を用いてコミュニケーションを図ろうとする態度を養う。

高校と中学の目標の違いは傍線部分だけであり、それ以外は大きな違いはない。小学校、中学校、高等学校での英語教育の目標は、もう少しメリハリがあると小中の接続、中高の接続が明確になると思うが、ないものねだりなのであろうか。

†高度な小学校英語

ここで再度、小学校の英語に戻ってみる。現行学習指導要領で学んでいる今の小学校高学年（五・六年生）は英語で遊んでいれば良かったが、二〇二〇年からの小学校五・六年生は、従来の4技能（読む書く聞く話す）に「やり取り」を含めた5技能を勉強することになる。その具体的な内容は高度である。「英語活動」と「教科としての英語」を通して六〇〇〜七〇〇語程度の語を学ぶことから始まり、「活用頻度の高い基本的なもの」という条件付きながら、連語（get up, look at など）、慣用表現（excuse me, I'm sorry など）から単文、肯定文、否定文、疑問文、代名詞、動名詞、過去形も入り、「主語＋be動詞＋補語」

「主語＋動詞＋目的語」などの文構造も学ぶことになる。
「音声」についても、「現代の標準的な発音、語と語の連結による音の変化、強勢、イントネーション」などを教えることになっている。英語という外国語を習う以上、発音やイントネーションなどを指導するのは当然ではあるが、これまでの英語教職課程で音声学は、選択必修として入っている場合はあるものの、独立した必修科目と定められていないことから、中高の英語教員でさえ大半が発音を教えられないでいるのが現状である。日本音声学会は「指導要領に定める英語音声教育実現のための提言：「音声に関する科目の履修を英語の教育職員免許状取得の必須条件とすること」」（二〇一七年五月二五日）を松野博一文科大臣（当時）宛に提出している。

新学習指導要領に沿う形で検討された「教員養成・研修　外国語（英語）コア・カリキュラム」（東京学芸大学　文部科学省委託事業　平成二八年度「英語教員の英語力・指導力強化のための調査研究事業」）における小学校教員養成課程では、「外国語の指導法」（二単位）の中に「小学校外国語教育についての基本的な知識・理解」に続き「子どもの第二言語習得についての知識とその活用」があり、その中で挙げられた六項目の中に「音声によるインプットの内容を類推し、理解するプロセス」「児童の発達段階の特徴を踏まえた音声によるインプットの在り方」「受信から発信、音声から文字へと進むプロセス」と三項目にわたり「音声」が登場する。教科としての英語を念頭に新設された「外国語に関する専門的事項」(一単位)には、「授業実践に必要な英語力」の次に「英語に関する背景的な知識」が置かれ、その中に「英語に関する基本的な知識」として、音声・語彙・文構造・文法・正書法等が挙げられている。他には「第二言語習得に関する基本的な知識」「児童文学」「異文化理解」がある。

なお、「中・高等学校教員養成課程外国語(英語)コア・カリキュラム」では、「英語科に関する専門的事項」として、「英語コミュニケーション」「英語学」「英語文学」「異文化理解」領域があり、「英語学」の項目として「英語の音声の仕組み」が「英文法」や「国際共通語としての英語」等と並んで入っている。

さて、新学習指導要領に話を戻そう。五・六年生では、〈思考力、判断力、表現力等〉という新学習指導要領の基本に沿い、次の事項を身につけることになっている。

ア　身近で簡単な事柄について、伝えようとする内容を整理した上で、簡単な語句や基本的な表現を用いて、自分の考えや気持ちなどを伝え合うこと。

イ　身近で簡単な事柄について、音声で十分に慣れ親しんだ簡単な語句や基本的な表現を推測しながら読んだり、語順を意識しながら書いたりすること。

「言語活動」として取り上げる事項には「挨拶」「自己紹介」「買物」「道案内」などの他に、「コミュニケーションを円滑にする：相槌《あいづち》を打つ、聞き直す、繰り返す」「気持ちを伝える：礼を言う、褒める、謝る」「考えや意図を伝える：意見を言う、賛成する、承諾する、断る」「相手の行動を促す：質問する、依頼する、命令する」等々、中学校学習指導要領と同じような内容が盛り込まれている。それ自体が不思議であるが、異文化コミュニケーションや社会言語学の観点からは、相槌というのは文化によって異なるし、褒める、謝る、依頼する、断るなども言語文化によって規範が違うことから、外国語では相当に難しい。中学校は無論のこと、小学生を教える先生たちに、どの程度の専門的な知識があるのか、不安を感じざるをえない。

そもそも、現場の先生たちと子供たちが、他の教科も学習しつつ、限られた時間数の中で、これだけの英語学習をどのように行うのだろうか、という疑念は拭《ぬぐ》えない。

また、ざっと読んだだけでは、三・四年生の「英語活動」と五・六年生の「教科としての英語」および「中学校の英語」が似たような記述なので、どの程度に違うのか、並べてみて仔細に比較検討しないとよく分からない。これまでの学習指導要領も一貫性を持たせるためか、あえて同じような内容で細部だけを変えていることが多かったが、音声指導やコミュニケーション活動に関する記述が、どの段階もほぼ同じであるのは、現場にとっては理解しにくい。各段階の接続を考えれば、それぞれの違いが明確になっていないと混乱しそうである。

3 新学習指導要領の課題

†実施にあたっての課題

新学習指導要領は、次のように幾つかの問題および関連する課題を生み出している。

・「英語の授業は英語で」の是非

・音声指導をどうするのか
・教員養成と教員研修のあり方
・習得語彙の大幅な増加
・複言語主義の理念なくCEFRを部分的に導入
・「やり取り」(interaction) という技能の追加
・国語教育との連携
・文法、発音記号、筆記体の指導など

これらについて、本節と次節で順を追って問題提起を試みる。

†「英語の授業は英語で」の是非

中学校の新学習指導要領「3 指導計画の作成と内容の取扱い」という項目では、「指導計画の作成に当たっては、小学校や高等学校における指導との接続に留意しながら、次の事項に配慮するものとする」とあり、全教科を通して推奨されている「主体的・対話的で深い学び」(いわゆるアクティブ・ラーニング) の実現を図るよう促し、かつ「生徒が外国語によるコミュニケーションにおける見方・考え方を働かせながら、コミュニケーションの目的や場面、状況などを意識して活動を行い、英語の音声や語彙、表現、文法の知識を五つの領域における実際のコミュニケーションにおいて活用する学習の充実を図ること」とある。しかも、そのように教師の力量が問われる授業を、中学でも英語で行うことが求められ、次のように記されている。

生徒が英語に触れる機会を充実するとともに、授業を実際のコミュニケーションの場面とするため、授業は英語で行うことを基本とする。その際、生徒の理解の程度に応じた英語を用いるようにすること。(傍線は筆者による)

続いて、「指導計画の作成や授業の実施に当たっては、ネイティブ・スピーカーや英語が堪能な地域人材などの協力を得る等、指導体制の充実を図るとともに、指導方法の工夫を行うこと」(傍線は筆者による)とあるが、地域の人材は教育の専門家ではなく、ネイティブ・スピーカーも英語を母語としているというだけであり必ずしも教育者であるとは限らない。授業を英語で行い生徒が十分に理解しないまま、これだけの内容を次々と教え込むことで、本当に力がつくのだろうか。

「英語の授業は英語で行うことを基本とする」方針は、現行学習指導要領では高校で導入されているが、当初、高校現場は大きな衝撃を受けた。日本語で説明しても分からない生徒にどうやって英語で英語を教えるのか、と英語教員は頭を抱えた。文科省には抗議や疑問の電話もあったようで、初等中等局は、学習指導要領の告示後に発表した「高等学校学習指導要領解説：外国語編・英語編」（平成二二年五月）で詳しく説明した。英語の授業を「英語で行うことを基本とする」こととは、「教師が授業を英語で行うとともに、生徒も授業の中でできるだけ多く英語を使用することにより、英語による言語活動を行うことを授業の中心とすることである」と述べ、「英語を使用する機会は、我が国の生徒の日常生活において非常に限られている」ことを踏まえ、「訳読や和文英訳、文法指導が中心とならないよう留意」し、「生徒が英語に触れ」「英語でコミュニケーションを行う機会を充実することが必要である」と訴えている。つまり、訳読や文法説明はどうしても日本語になってしまうので中心にしないで欲しい、日本では日常的に英語を使う環境にないので、せめて英語の授業はコミュニケーション活動の場にして、英語を聞かせ英語を使う機会にしたい、という願いである。

そして、現場からの質問を念頭に置いているのだろう、想定される状況について丁寧に解説している。文法説明に偏ることを改めるよう求めつつ、コミュニケーションを体験する言語活動が授業の中心になっていれば、「文法の説明などは日本語を交えて行うことも考えられる」と条件付きで日本語使用を認めている。

「生徒の理解の程度に応じた英語」で授業を行うためには、「語句の選択、発話の速さなどについて、十分配慮することが必要」とした上で、「生徒の英語によるコミュニケーション能力に懸念がある場合」は、「生徒の理解の状況を把握するように努めながら、簡単な英語を用いてゆっくり話すこと」をアドバイスしている。ただし、英語での説明や指示を理解できない生徒がいて、「日本語を交えた指導を行う場合であっても、授業を英語で行うことを基本とする」のだから、「生徒が英語の使用に慣れるような指導の充実を図ることが重要」だと釘を刺している。

その上で、「授業は英語で行うことを基本とする」規定は、「生徒が英語に触れる機会を充実するとともに、授業を実際のコミュニケーションの場面とするため」であると繰り返しその重要性を強調した上で、「しかし、授業のすべてを必ず英語で行わなければならない」という意味ではないと付け加え、次のように述べている。

英語による言語活動を行うことが授業の中心となっていれば、必要に応じて、日本語を交えて授業を行うことも考えられるものである。

現場からの声に応えて、条件付きながら日本語を交えることに妥協したわけであるが、この方針を学習指導要領に盛り込んだ担当者には相当に強い信条があったのであろう。教科調査官[5]が全国を行脚し、「学習指導要領は法律だから」と事実に反する説明を行い（「学習指導要領」は「告示」であって、法律ではない）、英語での授業を厳しく指導して回った。英語で行なわれている授業を撮影したDVDを二回にわたり制作し、全国の国公私立の高校に無償配布したこともある（序章参照）。

学習指導要領は、中央教育審議会（中教審）で審議した上で文部科学大臣に答申し「告示」になるので、当然ながらその内容は中教審で議論されるのが前提であるが、江利《えり》川《かわ》春雄・和歌山大学教授の調査によれば、「英語の授業は英語で行うことを基本とする」方針は、「中教審の外国語専門部会では議論されていない[6]」。中央教育審議会外国語専門部会委員であった金谷《かなたに》憲氏（現・東京学芸大学名誉教授）は、「教師が教室で英語を使えば使うほど、生徒の英語力が伸びるという証拠があるかと言えば、私は寡聞にしてこれといったものを挙げることができない」[7]と述べているくらいなので、議論があれば反対したはずである。大きな話題にはならなかったが、では誰が、いつの間に、こんなに重要な方針を勝手に入れたのかという疑問は残る。しかし現場の英語教員は、決定プロセスに疑義を抱く余裕はないようで、どうしたら英語で英語の授業ができるかを模索するのに必死である。研究会でのテーマの多くは「英語による授業」になっている。

文科省はブリティッシュ・カウンシル[8]に研修を委託し（もちろん税金を使って）、各教育委員会から選ばれた教員が受講している。公立高校教員は直接的もしくは間接的にリーダーから学ぶことを通して「英語で授業をする術」あるいはそれを可能にする英語力を獲得しようとしている。

†「英語で授業」の何が問題か

ただ、そのような現場の努力が報われているかといえば、どうなのだろう。「英語で英語の授業」が始まったのは、二〇一三年四月入学の高校一年生からなので、その生徒たちは既に卒業している。しかし、英語力が飛躍的に伸びたという話は聞かないどころか、政府目標の「英検準2級」に到達した高校三年生の割合が全体の三六パーセントでは、成果が出たとは言えない。英語で授業をしていない教員がいることを理由にするのは可能かもしれないが、「英語で英語の授業」という方針自体に問題はないのだろうか。筆者なりに分析してみると、幾つかの問題点が挙げられる。

(1) 教師が「英語での指導」に心を奪われ、英語で授業をすることが目的と化す場合が多く、これは本末転倒である

英語で授業をするというのは、教室内での英語を増やそうという趣旨で、教師だけでなく生徒にも英語を書いたり話したり発信する機会を多く与えようということであろうが、往々にして教師が夢中になって英語を話すことが主になる。はりきっている教師も悪戦苦闘の教師も、いずれも「英語で」授業をすること自体に気を取られている感がある。

教師自身が「英語で授業をする」という目的を果たす為に努力を傾注するのは、生徒が見ていて「先生も頑張ってるな」と感心するかもしれないし同情するかもしれないし、教師も「今日は英語でうまく授業ができた!」と達成感を持つかもしれない。しかし、生徒への目配りがおろそかになったり、肝心の授業内容が生徒に十分に理解されないまま過ぎ

てしまうことがあれば、生徒にとって英語を学んだことにはならない。

（2）生徒は授業を十分に理解せず、自信を失う場合がある

英語での授業を受けている生徒の様子を観察していると、分からないまま座っている生徒がかなりいる。英語による説明が終わり、何らかの活動をする時になって、友達に「先生、今なんて言ってたの？」と尋ね、ようやく自分がするべきことを知る。教師の英語を理解した生徒もいるので、教え合ったりしながら何とか授業は進んでいくものの、毎回のように授業内容を聞き取れず友達に助けを求めざるをえない生徒が自信を失っていくのは自然な成り行きであろう。

かといって、教師が配慮して、特定の生徒に質問する時だけ日本語に切り替えることも、生徒の気持ちを傷つけることになりかねない。外国語習得には自己効力感が大きな役割を果たすことを考えると、どのような時に英語を日本語に切り替えるか、というのは案外、微妙な問題を含んでいる。

（3）英語だけでの授業は内容が浅薄になりがちで、生徒の知的関心を喚起しない

英語を母語としない日本人教員であっても「英語で授業をする」ことが義務であるとされているので、英語教員は何とか英語で授業をしているが、その内容は教師の英語力に応じたもの、生徒の英語力に合ったものになるので、内容は深まらず、どうしても浅いものになる。馴染みのあるテーマであっても、日本語で教える内容と比べれば、かなり単純になりがちである。知的な刺激が学習意欲を喚起することを考えると、英語で授業することと引き換えに内容が薄くなるのは惜しい。

（4）英語という外国語を「ことば」として分析する機会を生徒から奪ってしまい、ことばの不思議さや奥深さに気づくことが難しくなる

訳読は英語を使えるようにならないという理屈で、最近は「訳す」ということをしない。だから「授業は英語で」となるわけだが、実は、母語である日本語と比較検討することで、二つの言語の相違や距離を摑《つか》むことが可能になり、英語という外国語を「ことば」として分析することが学習に向かう動機づけにつながる。全てを英語で済ませてしまうことは、その貴重な学びの機会を失うことになる。

この点は、「英語で考えないと話せるようにならない」という大方の信条に反するかもしれない。しかし、英語で話す際には英語で考えないとダメなものなのだろうか。もしそうだとすると、英語を聞いて瞬時に日本語に訳す同時通訳は不可能になってしまうはずだ。

ところが同時通訳者は、日本語を聞きながら即時に英語で同じことを表現するし、英語を聞いて同時に日本語で同じ内容を発話する。脳科学については素人なので、なぜこれが可能なのか説明はできないが、同時通訳者として仕事をしていた頃の実感は、ある言語を聞きながらも、そのメッセージ内容を理解し、使われた単語や語句や表現はどこかに記憶しておきながら別の言語で表現するという感じであろうか。脳科学の専門家に「人間の脳というのは実に複雑で、研究すればするほど分からないことが出てくる」と言われたことがあるが、人間の脳の驚異的な働きを考えれば、無理に「英語で考えなきゃ」と焦る必要はないように思う。

ただ、読んでいる文章を頭から順に理解する、聞こえてきた内容を順番に理解していく練習は役に立つし、知らない単語があっても気にせず全体を把握することも大切である。そこさえ押さえておけば、時に訳してみることで二つの言語の違いを知ることになるのは、極めて有意義な言語学習だと考える。

（5）コミュニケーションに使う英語について考える機会を奪ってしまう

ことばが社会文化的なコンテクストの中でどのようにコミュニケーションに使われるかを考える機会は、授業の中で教師が創出すべきものであるが、英語だけでの薄っぺらな授業では、そのような機会を生み出す余裕がなくなる。英語で授業をすることに汲々とする教師と、おぼろげにしか内容を理解できない生徒という教室から生み出されるのは、英語という外国語を単に道具やスキルとしてみなす姿勢であり、これは真のコミュニケーション能力につながらず、英語学習に対する能動的態度は生まれない。

†「英語で英語を教える」のは時代遅れ

そもそも「英語の授業は英語で」という指導方法は、中学にまで下ろして学習指導要領に明記するほど、効果のあるものだろうか。

「英語による英語の授業」は、単一言語を使用して指導する「モノリンガル・アプローチ」(monolingual approach) である。それに対して、母語の使用を認める指導方法は、二言語使用の「バイリンガル・アプローチ」(bilingual approach) である。学習している言語だけを使用して教えるのか、母語も使って教えるのか、という違いである。

母語を使いながら文法を説明し訳させて外国語を学ぶ文法訳読法は、海外でも日本でも長らく主流であった。しかし、それでは外国語を使えるようにならないという批判から、ナチュラル・アプローチ、ディレクト・メソッド、オーディオリンガル・メソッドのような、学習対象の外国語で教える指導法が人気を博すようになった。ところが、この指導方法を学校教育で導入しても期待されたほどの効果が上がらないことから、近年は、「コミュニケーション能力」を育成することを主眼とする「コミュニカティブ・アプローチ」(Communicative Approach)が世界で広まっている。日本でも、それと明示はしていないものの、一九八九年告示の学習指導要領から、コミュニカティブ・アプローチに依拠した指導になっている。[9] ただ不思議なのは、コミュニカティブ・アプローチでは母語の使用を禁じてはいないのに、[10] 現行の学習指導要領から突然、母語を使用せず英語を使っての授業が規範になっていることである。

海外の外国語教育研究においては、母語の使用と翻訳の効用を積極的に認める流れが出てきている。[11] 例えば、世界の外国語教育に多大な影響を与えている欧州評議会による「複言語主義」(Plurilingualism)では、母語の重要性を指摘し、母語を活用しつつ母語以外に二つの言語を相互に関連づけて学ぶことで、豊かなコミュニケーション能力を育成することを目指している。その複言語主義を具現化するために開発されたCEFR（Common European Framework of Reference for Languages 欧州言語共通参照枠）では、「訳す」ことも重要な能力として扱っている（複言語主義とCEFRについては後述する）。

また、最近になって注目されている「内容と言語統合学習」（CLIL: Content and Language Integrated Learning）でも、学んでいる外国語と母語の両方を状況に応じて授業で使うことをtranslanguaging（言語横断）と呼び、許容している。さらに、外国語教育関連の学会や研究会で研究されているのが、TILT（Translation and Interpreting in Language Teaching）と呼ばれる、言語教育に通訳翻訳を取り込む指導法である。

「英語を英語だけで教えること」は、指導方法の一つとしてはあり得るが、唯一無二の正しい指導法とは限らない。外国語教育の歴史を見れば、数多の指導方法が流行り廃りの歴史でもあり、その中で既に過去のものとされている指導方法を、学習指導要領という一〇年間も全国の学校教育を拘束する文書に入れ英語教育を硬直したものにすることが妥当かどうか、再検討するべきであろう。

†音声指導をどうするのか

「英語の授業は英語で行うことを基本とする」という方針が中学校段階でも実施されることについて、パブリック・コメント[12]で、東京大学大学院人文社会系研究科言語学専門分野の林徹教授と西村義樹教授が音声指導の視点から問題提起している。「教えられる内容が、英語で説明され」「その説明の多くは音声によってなされる」ので、「英語音声を正しく聞き取ること、そして正しく発音し分けることが、教室での英語によるスムーズなコミュニケーションを実現するために不可欠」である。ところが「現在の中学校学習指導要領案には、外国語を正しく聞き分け発音し分けるための指導が、ほとんど記載されていません」と代案を提示している。引用が長くなるため、部分的に短縮して掲載する。

現在の中学校学習指導要領案の音声に関する指導内容としては、「音声」で、以下のような項目が列挙されているだけです。

（ア）現代の標準的な発音

（イ）語と語の連結による音の変化
（ウ）語や句、文における基本的な強勢
（エ）文における基本的なイントネーション
（オ）文における基本的な区切り

これらが重要な知識・能力であることに異論はありません。ただ、これらとまったく同じ項目が小学校学習指導要領案に記載されています。したがって、音声については、小学校第五・第六学年のときと同じ内容を継続して教えるだけと受け取られかねません。

「授業を英語で行うことを基本とする」のであれば、生徒の英語の運用能力を小学校のレベルから劇的に高める必要があると思います。特に、音声によるコミュニケーションの基盤となる発音の指導には、十分な時間と労力を割くべきではないでしょうか。また、多くの場合、英語の母語話者でない教員が英語で教えることを考えると、音声教材などで生徒が耳にする母語話者の発音と教員の発音が異なることについて、合理的な説明が必要です。そのためには、言語による発音の違いとともに、音声の弁別的な働きを理解させることが求められます。

そこで、上で言及した内容を、以下の八項目に変更することを提案します。

（ア）音声器官の構造と働きについての基本的知識
（イ）現代の標準的な母音の発音における音声器官の働き
（ウ）現代の標準的な子音の発音における音声器官の働き
（エ）音声器官の働きと関連させた発音記号の導入
（オ）発音におけるバリエーションとそれを可能にする音声の働き（弁別的機能）
（カ）音節内での母音や子音の配列
（キ）活用・派生・複合による音の変化（交替）
（ク）語における強勢の位置と派生・複合によるその位置の変化

（林徹、西村義樹「中学校学習指導要領案について」、二〇一七年三月一四日）

言語学者によるコメントを読み、代替案を見ると、「英語の授業を英語で教えること」を安易に「基本とする」ことの危うさが明白になる。そして、発音を習得するには専門的な指導が不可欠であり、単にネイティブ教員の英語を真似すれば済む問題ではないことがよく分かる。まずは教職課程で「音声学」を必修科目とした上で、前記のような音声指導ができる能力を身につけた英語教員を養成するしかない。教員養成の課題については、後述する。

林徹と西村義樹両教授は、小学校の学習指導要領についても音声指導の不備を指摘している。「外国語活動」(三・四年生)の「目標」には、「日本語と外国語との音声の違い等に気付くとともに、外国語の音声や基本的な表現に慣れ親しむようにする」とある。教科としての英語(五・六年生)の「目標」にも、「音声で十分に慣れ親しんだ外国語の語彙や基本的な表現を推測しながら読んだり、語順を意識しながら書いたりして、自分の考えや気持ちなどを伝え合うことができる基礎的な力を養う」(傍線は筆者による)とある。

両教授はこの「目標」を取り上げ、これらの記述から、小学校ではまず「音声による外国語」が提示され、それを基盤として、様々な言語活動(聞く、読む、話す、書く)が行われるのだろうと推察する。その上で、それならば「外国語(英語)活動」の初期段階で、児童の興味を促しつつ、必要最小限の発音指導がおこなわれるべきであり、「外国語(教科としての英語)」では、さらにそれを進める必要があると主張し、何点かにわたり学習指導要領の変更案を提示している。

林徹、西村義樹両教授は、明示的な指導がなくても、上手に発音を真似ることができる児童もいるであろうことを認めつつ、指導なしでは発音はおろか、聞き分けすらできない子供も少なくないと予測する。特に、新学習指導要領では、小学校・中学校でも、「教室における英語の使用に重点」が置かれることを踏まえ、そのような外国語の指導方針の中では、「最初に外国語の学習につまずくことが、その後の学習に大きな影響を及ぼしかねない」と憂慮し、「多数の英語嫌いを小学校の段階で生み出さないように、丁寧な発音指導を中心とした、慎重な導入教育を望む」としている。

全面的に同感である。しかし残念ながら現状では、小学校教員で中学校英語教員免許を取得しているのは五パーセントにとどまるだけでなく、小学校に限らず、音声学を学んだことのない教員やネイティブ・スピーカー教員が大半であるのが日本の公教育の実態である。英語嫌いを生み出さないようにと、二人の言語学者が要請している「丁寧な発音指導」ができる教員がどれだけいるか。現場の教員が自信を持って指導できないような目標を学習指導要領に盛り込むべきではないとも言えるが、外国語教育の導入期における音声指導は必須である。

英語教育を充実させたいなら、音声学はもちろん、言語学、第二言語習得理論やコミュニケーション学分野における専門家の知見を活用することと、教員養成を抜本的に改善することが不可欠である。

†教員養成と教員研修のあり方

政府は「教育公務員特例法等の一部を改正する法律」の中で「教育職員免許法の一部改正[13]」として、「特別免許状を授与するものとする」対象に新たに外国語を加えた。「小学校教諭にあっては、国語、社会、算数、理科、生活、音楽、図画工作、家庭、体育及び外国語（英語、ドイツ語、フランス語その他の各外国語に分ける）」と記載している。

つまり、教職課程を修了して小学校教諭の免許を取得した教師だけでは小学校における英語教育を担うことが無理なので、別枠で「特別免許」を与え、英語力のある人材が小学校英語教育を担当できるようにするわけである。英語力があるからといって小学生を指導できる力があるとは限らないし、英語力の有無を誰がどう判断するかは不明である。特別免許の乱発による質の確保は課題となろう。

加えて文科省は、小学校教員が中学校英語教員免許を取得できる「認定講習」を、教職課程を有する各大学に委託した。小学校教諭が集中講習を受ければ、英語教員免許を取得したとみなすことが目的である。こちらは、小学校教員が対象だから小学生の指導は専門であるが、英語教育の専門家ではないことから、短期間の講習を受けるだけで足りるのか、質が気になる。なお、多くの大学が各地の教育委員会からこの認定講習を依頼されており、通常業務に加えボランティアで多数の小学校教員を指導する羽目になった教職課程教員は悲鳴を上げている。

同時に文科省は、教員養成の段階から小学校での英語指導を学ぶよう、小学校教員養成課程コア・カリキュラム策定を東京学芸大学に委託した。小学校教員免許の取得希望者全員を対象に、「外国語に関する専門的事項」(一単位程度を想定)に加え、「外国語の指導法」(二単位程度を想定)を追加するようだ。

小学校での英語教科化にあたり、何とか小学校での英語教育を担える人材を確保しようと文科省が工夫を凝らしているのは理解できるが、準備が整わないうちに見切り発車したことによる泥縄式の印象が否めない。特別免許の乱発は英語教員の質の低下を招くと懸念されているし、短期の研修を受けただけで小学校教員が新学習指導要領で求められる高度な英語コミュニケーションを指導できるとは到底思えない。慌てて大学院に通う教員も出てきているが、自分の英語に自信がないのにどうやって子供たちを教えたら良いのかと、良心的な教員ほど途方にくれ悩んでいるのが現実である。

英語を小学校で「教科」にするなら、小手先ではなく、教員免許法を改正し、小学生に英語を教える教員の免許を新たに作り、腰を据えて教員養成をするのが当然であろう。英語教育改革をいうなら、併せて教職課程の抜本的改革が求められるはずである。

現職教員の研修については、二〇〇三年に五か年計画で公立学校の英語教員全員を対象とする「悉皆《しっかい》研修」が実施されたが、研修内容を各教育委員会に任せたことから、指導法の研究よりは英語教員の英語力を上げる研修内容が多かったように思われる。現在は、中高教員が英語での授業を実施できるようになるために、リーダーという位置づけの教員にブリティッシュ・カウンシルによる研修を受けさせ、それを各地域から個々の学校へと順に伝えて広めていく研修を実施している。末端に行くまでに元の内容がどれほど保持されるのだろうという懸念と同時に、単なる英会話講座ではないのかという疑念もある。どのように英語を指導するべきかという研修内容になっていて欲しいと願うものである。

†習得語彙の大幅な増加

新学習指導要領「外国語」が現行学習指導要領と際立って違っているのは、習得すべき語彙数である。現状では、中学を経て高校を卒業した段階で三〇〇〇語である語数が、新学習指導要領では、四〇〇〇〜五〇〇〇語程度と最大二〇〇〇語まで増えている。各段階における語数を見ると次のようになっている。

小学校　六〇〇〜七〇〇語程度（現状：なし）
中学校　一六〇〇〜一八〇〇語程度（現状：一二〇〇語）
高校　一八〇〇〜二五〇〇語程度（現状：一八〇〇語）
合計　四〇〇〇〜五〇〇〇語程度（現状：三〇〇〇語）

英語を使うにあたって語彙は必要不可欠である。単語を知らなければ相手の言っていることを理解できないし、自分で話すこともできない。仕事で英語を使うには、八〇〇〇語から一万語の語彙は必要とされる。それは誰もが分かっていることであろうが、問題は、ではどうやって語彙を増やすか、である。

現状でも学校現場を見ていると、教える側の英語教員が躍起となって生徒に英単語を暗記させることが多く、教えられる側の中学生が「英語は暗記科目」だと位置づけているほどである。脈絡もなく英単語を覚える苦しさから、講演などで中学生の質問を受け付けると、「英語が嫌いです。英語はどうやったら好きになれますか?」という切ない質問の次に多いのが、「英語の単語はどうやったら覚えられますか?」である。語彙力をつけさせようと教科書の丸暗記を義務づけ、却って生徒の英語嫌いを増やしている場合もある。大学でも、学生の語彙力不足を気にする教員が、毎回のように単語テストをしていることが多いが、それで学生の英語力が上がったかといえば、そうはならないところが哀しい。

英語を毎日使うという「第二言語としての英語」(ESL: English as a Second Language)環境にない日本で、「外国語としての英語」(EFL: English as a Foreign Language) を学習することは並大抵のことではない。しかも無理して頭に叩き込んだ単語は、テストなどが終わり喉元過ぎればすぐに忘却の彼方である。定着しない。身につかないのだ。

では、どうやって身につけるかといえば、意味のあるコンテクストの中で、単語や語句がどのように使われているかを知ることである。つまりは、たくさん読むことである。これは時間がかかるし回り道であるが、確実である。

習得すべき英語の目標を「語数」という数値で設定することは、そのような回り道を許さない空気を学校で作ってしまい、現場を追い詰めることにならないだろうか。仕事で使えるための八〇〇〇から一万という数の単語を習得するのは、学校で暗記を強要されても実現しない。本人が「学ぶ意欲」を持って、自律的に、自らが読んで書いて話してみるという地道な努力を続けることで可能になるものである。語数という数値目標は、そのような「学ぶ意欲」の喚起と継続を奪うことにならないか気になる。小学校から七〇〇語という数値目標を設定することで、教師が焦り、児童が暗記を迫られることのないよう願うばかりである。

†複言語主義の理念なくCEFRを部分的に導入

ＣＥＦＲ（欧州言語共通参照枠）は、もともとヨーロッパにおける多様な言語の参照枠として欧州評議会が三〇年以上をかけて開発したものである。言語は生涯をかけて学ぶものであり、その為には学習者の自律性を涵養《かんよう》することが重要であるなどの理念、個別言語にとらわれずどの言語にも使える評価の枠組み、数値ではなく質的に何ができるか（can do）という視点から言語能力を文章で説明する、Can Do statements と呼ばれる能力記述文の試みが斬新であり、今や世界的に広がっている。そして日本の文科省も数年来、評価の参照枠の一部を導入し、新学習指導要領では、これまでの「4技能」に替わり、CEFRに倣い、「話す」技能に「やり取り」(spoken interaction) を加えて「5領域」としている。

中央教育審議会・教育課程部会「次期学習指導要領に向けたこれまでの審議のまとめ」(二〇一六年八月二六日) では、CEFRを「国際的な基準」として紹介し、その一端を説明している。かなり勉強したと思われるが、複言語主義が基本にあることには言及されておらず、英知を結実させた感のある言語教育理念に基づく広範かつ緻密な参照枠を咀嚼しきれなかったのか、やや乱暴にまとめて「学習指導要領の目標とCEFRは非常に近い目標が掲げられていると考えられている」と、誰がそのように考えているのか特定せず、一般的な考えであるかのように結論づけている。

一二月に出された中教審答申でもCEFR及びCEFRが開発したCan Do statements (能力記述文) について言及されていたが、二〇一七年二月に公表された改訂案、そして三月三一日公示の新学習指導要領ではCEFRについての説明がなくなり、「能力記述文」を指すCAN-DO[14]という文科省用語も消えている。ただし「日常的な話題について、必要な情報を聞き取ることができるようにする」など、「できるようにする」という表現で到達目標が示されている。

明示はされないものの、実質的にCEFRを導入したことは幾つかの問題を孕《はら》んでいる。その最たるものは、CEFRの基盤となっている「複言語主義」という言語教育思想が完全に捨象されていることである。「複言語主義」については欧州評議会が刊行した〝Common European Framework of Reference for Languages: Learning, teaching, assessment〟（二〇〇一）に詳しいが、[15] 多数の言語が共存する状態を指す多言語主義（multilingualism）と異なり、母語以外の言語を二つ学ぶことで個人の中で複数の言語と文化が相互に影響し合い新たなコミュニケーション能力が培われていくことを目指すものである。生涯にわたって言語を学ぶことを推奨し、理想的な母語話者を目標とするのではなく、言語と文化を学ぶことで相互理解と平和につなげることが最終目的である。

同じく問題として挙げられるのが、言語教育の理念であり評価の尺度であるCEFRの全体像を把握することなく一部だけを恣意的に導入したこと、レベル分けにおいてCEFRが「国際的な基準」として、あたかもTOEFLなどの類似品であるかのように扱われていることである。

†理念なきCEFR導入の問題点

CEFRを、英語教育理念を捨象して部分的に導入することについて、具体的には次のような問題がある。

(1) レベル分け

CEFRにおけるレベル分けは、極めて大まかなものである。「基礎段階の言語使用者」(Basic User)をAレベル、次がBレベル「自立した言語使用者」(Independent User)、Cレベルは「熟達した言語使用者」(Proficient User)と位置づけ、それぞれを二段階に分け、A1、A2、B1、B2、C1、C2の六段階で表示している。このレベルは、他の言語運用能力テスト(例えばTOEFL、IELTSなど)との相関は出されているものの、スコアなどの数値ではなく、Can Do statementsと呼ばれる能力記述文に基づくものであり、客観評価だけでなく自己評価にも使う目的を持っている。したがって、数値で言語運用能力を表すTOEFLなどと単純に置き換えられるものではない。

ところが文科省は、CEFRのレベル分けを使い、A2、B1を到達目標としている。

科学研究費による調査[16]で出された「八〇パーセントの日本人はAレベル」という結果に鑑みると、相当にハードルが高くなっている。さらに、大学入試で導入予定の各種民間試験を並列させるためにCEFRに置き換えて判断基準にしようとしているようであるが、各種民間試験の受験者をどうランク付けするのか、課題となろう。

（2）CEFRのCan Doは「評価の尺度」であり、到達目標ではない

より大きな問題は、「評価の尺度」として開発されたCan Doという能力記述文が、文科省では「到達目標の指標」として使われていることである。すでに各校で、到達目標として「CAN-DOリスト」を作成することが行われているが、「評価の尺度」に過ぎない記述文が「到達目標」として使われると、本末転倒になり教育が歪む恐れがある。[17]この点についてはすでに拙稿（二〇一七）で詳しく説明しているが、「到達目標」というのは、それぞれの教育機関、つまり各学校が、教育目的に沿って決めるものである。その策定された「到達目標」が達成されたかどうか、教育指導を実践した結果を評価するために使われるのがCEFRのCan Do記述文である。これは成果を見るため5技能ごとに「できること」を詳しく具体的に文章で表すもので、どの言語にも使える。「辞書があれば短い新聞

記事を読んで理解できる」「ゆっくり一文ごとに区切って話してもらえば聞き取れる」など微細に評価できるようになっている。学習者が自己評価することが可能だし、教師が客観評価に使うこともできる。この記述文による評価は各技能で違うのが自然であり、話す力はA2だけれど書く力はA1など、技能による強みと弱点が分かる。しかも、この記述文はCEFR作成の一覧を使わなくても、それぞれの教育機関が自らの到達目標に合わせて評価用に作成して構わないことになっている。

「到達目標」と「評価」は密接な関係を有するので、文科省が到達目標の指標としてCan Doを使いたくなるのは分かるが、両者を混同してしまうと、大きな目標を見失い、評価のために記述された内容を目指して教えることになり、結果として教育そのものが歪んでしまうことになる。

もっとも学習指導要領そのものからは、CAN-DOという用語が消え、「〜することができるようにする」という表現が到達目標の指標として説明されている。ただ、客観評価だけでなく生徒の「自己評価」にも使うことは言及されていない。到達目標としての文科省式能力記述は、「評価の枠組み」であるCEFRの能力記述文（Can Do）とは本質的な違いがあると言わざるをえない。

†「やり取り」（interaction）という技能の追加

英語教育の内容については、現行学習指導要領では「聞くこと」「話すこと」「読むこと」「書くこと」の4技能についてそれぞれ五項目ずつ記載されているが、中学校の新学習指導要領では、CEFRの5技能を意識して五つの領域が設けられている。この点について、新学習指導要領ではどう述べているか、見てみる。すべて「〜ができるようにする」という表現になっているので、各技能についての到達目標が提示されていると分かる。

受容能力である「読むこと」では、「日常的な話題について、簡単な語句や文で書かれたものから必要な情報を読み取ることができるようにする」などの記述文が初歩的レベルから段階をつけて並び、「聞くこと」でも、「はっきりと話されれば、日常的な話題について、必要な情報を聞き取ることができるようにする」などの記述文が数段階ほど記されている。

発信能力である「書くこと」においても同様に、「関心のある事柄について、簡単な語句や文を用いて正確に書くことができるようにする」「日常的な話題について、事実や自分の考え、気持ちなどを整理し、簡単な語句や文を用いてまとまりのある文章を書くことができるようにする」などの記述である。

同じ発信力である「話すこと」は、発表とやりとりに分かれている。「話すこと［発表］」は、「関心のある事柄について、簡単な語句や文を用いて即興で話すことができるようにする」「日常的な話題について、事実や自分の考え、気持ちなどを整理し、簡単な語句や文を用いてまとまりのある内容を話すことができるようにする」「社会的な話題に関して聞いたり読んだりしたことについて、考えたことや感じたこと、その理由などを、簡単な語句や文を用いて話すことができるようにする」などである。

新たな領域として加えられた「話すこと［やり取り］」では、「関心のある事柄について、簡単な語句や文を用いて即興で伝え合うことができるようにする」「日常的な話題について、事実や自分の考え、気持ちなどを整理し、簡単な語句や文を用いて伝えたり、相手からの質問に答えたりすることができるようにする」「社会的な話題に関して聞いたり読んだりしたことについて、考えたことや感じたこと、その理由などを、簡単な語句や文を用いて述べ合うことができるようにする」となっている。

「備考欄」には、「「話すこと」が［やり取り］と［発表］の2領域に分けられ、5領域になった」「各領域の目標は、……指標形式で示されている」とあるが、それ以上、「やり取り」についての説明はない。

新たに設けられた「やり取り」は、英語ではinteraction「相互行為」であり、相手があって成立する対面コミュニケーションである。予測不可能な「今、ここで」の対話であることから、スピーチやプレゼンテーションなどの発表に比べて難易度は格段に高くなる。これを中学校でどのように指導するのだろうと思い探してみた。

新学習指導要領の「2　内容〔知識及び技能〕」を読んでみると、「言語材料と言語活動とを効果的に関連付け、実際のコミュニケーションにおいて活用できる技能を身に付けることができるよう指導する」とあり、「音声」（発音、音の変化、強勢、イントネーション、文の区切り）、「符号」（感嘆符、引用符など）、「語、連語及び慣用表現」などが並んでいる。5技能のどれにも必要な基礎を提示しているのかもしれないが、言語材料と言語活動を効果的に関連づけ、実際のコミュニケーションに活用できるように指導するのは、教師の指導力が問われそうだ。

「思考力、判断力、表現力等」を育成するために英語で学ぶべきことは、「具体的な課題等を設定し、コミュニケーションを行う目的や場面、状況などに応じて、情報を整理しながら考えなどを形成し、これらを論理的に表現する」こととある。ちょっと待って、これは大学？　と早とちりしないで欲しい。学習指導要領は小中高で、大学は関係ない。そうか、じゃ高校？　違います。これは中学の学習指導要領です。驚くほど高度であるが、具体的な言語活動としては中学生らしい内容が提示されているのだろうか。試しに「やり取り」の活動を見てみる。

話すこと［やり取り］
(ア)関心のある事柄について、相手からの質問に対し、その場で適切に応答したり、関連する質問をしたりして、互いに会話を継続する活動。
(イ)日常的な話題について、伝えようとする内容を整理し、自分で作成したメモなどを活用しながら相手と口頭で伝え合う活動。
(ウ)社会的な話題に関して聞いたり読んだりしたことから把握した内容に基づき、読み取ったことや感じたこと、考えたことなどを伝えた上で、相手からの質問に対して適切に応答したり自ら質問し返したりする活動。

「その場で適切に応答」し、「関連する質問」をして「会話を継続する」ことは、英語学習者の誰もが目標とし理想とすることであるが、なかなかうまく行かないのが実態であろう。それが二〇二一年以降は中学で出来るようになるのか。中学生が「社会的な話題に関して聞いたり読んだりしたことから把握した内容に基づき、……適切に応答したり自ら質問し返したりする」ことが、どうやれば可能になるのか。台本を作って暗記してオウムのように繰り返すのではなく、本当に相手の言うことに耳を傾け、それに対して妥当な答えや質問をするなどの「やり取り」をどう指導するのか。さらには、「やり取り」という本来は相手次第、出たとこ勝負の対話を、どう評価するのか。これらはすべて、今後の検討課題である。

4　その他の事柄

†国語教育との連携

小学校の新学習指導要領では、「言語能力の育成」を目指し、国語教育と外国語教育との連携を呼びかけている。「総則」では、「言語能力の育成を図るため、各学校において必要な言語環境を整えるとともに、国語科を要としつつ各教科等の特質に応じて、児童の言語活動を充実すること」とある。「国語」科の「指導計画の作成と内容の取扱い」においても、以下の記述がある。

> 言語能力の向上を図る観点から、外国語活動及び外国語科など他教科等との関連を積極的に図り、指導の効果を高めるようにすること。

この方向性は極めて重要であり画期的といえる。ただ、この一言だけで、国語と英語の連携は進むのだろうか。二〇一四年から四年間にわたり英語教育と国語教育の連携をプロジェクトとして研究している[18]経験から言うと、理念や総論の段階はともかく、各論になるとなかなか難しい面がある。

学習指導要領では特段の説明が付されていないので、具体的な取り組みは現場に任せるということなのだろうが、放っておいて連携が自然発生的に始まるわけではない。連携したいと考えても、何をどうしたら良いのか分からないということになってしまう。学習指導要領は教科別に作成されるので、英語と国語の間に共通項がなくてもやむをえないのかもしれないが、「言語能力の育成」を鍵概念としての具体案を示して欲しかった。新学習指導要領の策定にあたっては、中央教育審議会として初めて外国語と国語との連携について、ローマ字学習の取り扱いなども含め審議している。[19]「審議内容は国語及び外国語ワーキンググループにおいても報告され、それぞれの議論に反映されることになった」と文科省初等中等教育局国際教育課外国語推進室長（当時）は語っている。[20] 意見交換があったのなら、それが学習指導要領に反映されると良かったのに、と残念である。

「ことばの体験学習」のような形で日本語と英語を材料に言語コミュニケーションを体験し、二つの言語の違いに気づく場を設けることは学習への動機づけにもなり得るであろう。実際のコミュニケーションまでいかなくても、巷に溢れているカタカナ表記の英語（和製英語を含む）と、英語を比較させる試みは一部の学校で行われている。新学習指導要領では、「日本語と英語の違いに気付かせる、気付く、知る」という表現が頻出するので、そこから連携が始まるとも考えられる。

また、例えば、英語教育ではヘボン式のアルファベット表記であるのに、国語教育では日本独特の「訓令式」がローマ字学習に使われていることから、児童が混乱する状況がすでに存在している。「町田市」は、英語ではMachida-shiと表記されるのに、国語では訓令式に従い、Matida-siと書くよう指導するのだから、混乱は当然である。この差異をとっかかりに日本語と英語の「音声の違い」を学ぶことも、国語と外国語の連携といえるであろう。

†文法はコミュニケーションを支える

一九九八年の学習指導要領改訂により、英語教育の目的は「コミュニケーション」にあることが明示されて以来、文法を教えることを否定的に捉える傾向が強かった。現行学習指導要領で行き過ぎた振り子が少し元に戻り、新学習指導要領では「文法はコミュニケーションを支えるものであることを踏まえ、コミュニケーションの目的を達成する上での必要性や有用性を実感させた上でその知識を活用させたり、繰り返し使用することで当該文法事項の規則性や構造などについて気付きを促したりするなど、言語活動と効果的に関連付けて指導すること」と述べている。つまり、コミュニケーションを支えるものとしてなら文法について取り上げても構わないけれど、これまでのように文法だけをひたすら教えるのではなく、コミュニケーションと関連させながら、上手に教えてください、ということになろうか。

外国語習得に文法は必須であり、それがなければ自らの力でセンテンスを組み立て書いたり話したりはできない。読むにしても聞くにしても、文法の力がなければ正しく理解することはできない。ただ文法事項というのは、文型だ、冠詞だ、時制だといくらでもあるし、日本語とは異なる概念が多い上、微妙な違いに引きずられると説明は否応なく微に入り細にわたり、結果として授業の大半を文法の解説で費やしかねない。ある研究授業で、I got on a ferry heading for Europe. という英文を日本語にする際、「フェリーに乗ってヨーロッパへ行った」はダメで、「ヨーロッパ行きのフェリーに乗った」が正解だと懇切丁寧に違いを説明していた。優秀な生徒たちだったので説明は数分で済んだが、並みの生徒なら違いを理解するまでに相当な時間がかかるだろう。

文法的な正確さを追求し過ぎるから間違いを恐れて話せなくなる、という文法指導の弊害が言われて久しいが、私が九年間監修と講師をつとめているNHK「ニュースで英会話」でも、視聴者からの質問は文法に関することが多く、文法知識に感心しながらも、ここまで気にすると話せなくならないだろうかと、時に心配になることもある。

そういう意味で、文法は大切だけれど、指導方法を工夫して欲しいという文科省の考えは理解できる。文法はきちんと教えるべきであるが、教育現場での創意工夫と共に、中高生に対しては必要不可欠な文法事項を精選する試みがあって良いように思う。

†発音記号

発音記号については現行の学習指導要領で、「音声指導に当たっては、日本語との違いに留意しながら、発音練習などを通して［…］指導すること。また、音声指導の補助として、必要に応じて発音表記を用いて指導することもできる」と記載されている。「指導することもできる」というのだから、教えることは必須ではないが、教えたければ、どうぞ、ということのようである。

新学習指導要領でも、ほぼ同様の記述で「音声指導の補助として、必要に応じて発音表記を用いて指導することもできることに留意すること。また、発音と綴《つづ》りとを関連付けて指導すること」とある。これについて、再び林徹教授と西村義樹教授のパブリック・コメントを紹介したい。

発音表記（発音記号）を適切に用いるためには、音声器官の構造と働きの理解が不可欠です。なぜならば、発音記号は音声器官の働きに一対一に対応するよう定められているからです。音声器官の基礎的な説明なしに発音記号を用いることは、正書法以外の余計な表記体系を導入することになり、生徒にとって、害ばかりで利するところがありません。

（林徹、西村義樹：東京大学大学院人文社会学系研究科言語学専門分野）

なるほど。「教えたければ、どうぞ」などと各教師に委ねるのは無責任ということになる。教えるなら、きちんと教職課程で「音声学」の授業の一環として、発音記号について、その指導法も合わせて学ばせることが求められそうだ。単語の発音を知りたい時に、最近は電子辞書やインターネットで音声を確認できるが、発音記号を知っていると、単なる真似ではなく、どういう音かが正確に分かるので便利である。外国語というのは生涯をかけて学ぶものであり、学校を卒業してからの長い年月にわたり自律した学習者として英語を学び使っていくにあたって、発音記号は大きな助けになる。英語教員には、発音記号を含めて音声学を学び、それを指導に活かして欲しいものである。

†筆記体

筆記体は長らく学校で教えられてこなかったが、現行学習指導要領では、「アルファベットの活字体の大文字及び小文字」を指導するとしつつ「文字指導に当たっては、生徒の学習負担に配慮し筆記体を指導することもできる」となっている。新学習指導要領でも同じ文言で「文字指導に当たっては、生徒の学習負担にも配慮しながら筆記体を指導することもできる」と踏襲されている。

最近の学校では、どうして筆記体を教えないのだろうと不思議だったが、活字体と筆記体の両方を教えると生徒の負担が大きいから、活字体だけでよい、としてきたようである。せっかく小学校で英語の授業が始まるのだから、時間をかけて、ゆっくり、活字体と筆記体を練習すればよいのではないだろうか。

†新学習指導要領から、その後へ

新学習指導要領の、特に小学校における「外国語活動（英語）」および教科としての「外国語（英語）」について、「どのように学ぶか」や「子供一人一人の発達をどのように支援するか」といった視点への配慮よりは、英語によるコミュニケーションができるようになる、という実用性ばかりを重視する傾向にあることを憂慮したのが日本学術会議である。「文化の邂逅《かいこう》と言語分科会」が二〇一六年一一月四日に提言「ことばに対する能動的態度を育てる取り組み――初等中等教育における英語教育の発展のために」を公表した。以下は、その要旨である。[21]

1　現状及び問題点

一九八九年以降初等中等教育の英語教育においては、読解重視から実用重視への転換が図られてきた結果、英語でのコミュニケーション能力の育成が主流となっている。しかし、いったい何が「実用的」なのか。世界中で英語を非母語として話す人は母語として話す人の約二倍なのに、母語話者の話す英語だけを「正しい」英語として教えるのが「実用的」なのか。日本国内で英語を話す需要がほとんどないのに、「コミュニケーション」を最優先することが「実用的」なのか。いずれも確実な根拠が見つからない。

実用重視への転換とともに導入された「英語による英語の授業」にも問題がある。

英語のインプットが少なく、母語からの影響も避けられない状況で、限られた時間と空間の中で英語を使ってみても、「英会話ごっこ」に終わってしまうおそれはないか。

実際のことばの使用では、母語であれ非母語であれ、ことばの仕組みの中に組み込まれた分類や捉え方を理解しつつ、ことばを発する際の聞き手や周囲の状況に瞬時に対応することが求められる。こうした能力は、ことばに対する能動的態度があって初めて身につくもので、単語や構文をただ覚えさせるのは、時間と労力の浪費になりかねない。

ことばへの能動的態度は、英語の習得に役立つだけではない。多くの児童・生徒の母語である日本語の仕組みや働きに気づかせるためにも役立つ。さらにそこから、日本語を母語としない人々が日本で直面する言語的困難さへの共感の芽生えも期待できる。

2　提言の内容

(1) 非母語としての英語という視点の共有

わが国の初等中等教育での英語教育が非母語教育である点を十分認識し、実現不可能な過大な目標に代えて、現実的な教育方針を設定するべきである。

(2) 英語でおこなうことを基本としない英語教育への変更

英語教育には、ことばの仕組みや、ことばを発したり理解したりするプロセスに気づかせることにより、ことばに能動的に取り組む態度を育てるための豊かな可能性が内包されている。「英語による英語授業」は、このような可能性を閉ざすことがないよう、日本語による授業との適正なバランスをもって実施されるべきである。

(3) 文字の活用、書きことばの活用

時間や記憶の制約なしにことばの自由な吟味を可能にする文字は、ことばについて考えさせるために不可欠である。また、書かれた英語の活用には、不足する英語のインプットを補い、児童・生徒の関心に合った情報を提供できる点で、大きな長所がある。かつての読解重視の教育に戻るのではなく、書きことばの新たな活用を考えるべきである。

二〇一七年二月五日には、文化の邂逅と言語分科会委員に加え、「学習指導要領」改訂に関わった文科省初等中等局国際教育課外国語教育推進室長および教育現場に詳しい専門

家を招き、公開シンポジウムを開催した[22]。シンポジウムに出席した文科省の担当室長はパネリスト及び会場からの意見に耳を傾け丁寧に説明した上で、学習指導要領告示の後に作成する「解説」に可能な限り反映させたいと答えていたが、その後、異動となり、「解説」執筆は後任者の仕事となった。教育課程課長も異動し、教科調査官及び元教科調査官で視学官も私立大学に転出したので、今回の学習指導要領改訂に関わった中心人物の多くが、高校学習指導要領の告示を待たず部署を離れたことになる。継続性という観点から誠に残念である。

「提言」の内容は新学習指導要領に反映されることはなかったが、何らかの形で運用面において参照されることを願っている。加えて、新学習指導要領に盛り込まれていない要素を本書で指摘することにより、今後の英語教育の改善に貢献できたらと考えているのが、異文化コミュニケーション能力の育成である。

小学校・中学校で「言語能力」を習得させることを明確にしているのが新学習指導要領の特徴である。小学校・中学校の基礎段階では、まずは「ことば」についての学びが重要なので、それだけで十分とも考えられるが、学習指導要領では同時に「コミュニケーション」を目指すとも繰り返し述べている。学習指導要領改訂へ向けての検討会[23]では、言語学者ローマン・ヤコブソン（Roman Jakobson）の「コミュニケーションの六機能」[24]が資料として配布されている。しかし最終的に、新学習指導要領では、「言語能力」をどのように「コミュニケーション」に結びつけるのかまでは触れられていない。

言語能力があればコミュニケーションが可能だと思われがちだが、現実はそうではない。とりわけ、異なる文化を背景にした人々と外国語でコミュニケーションを図るには、音声や語彙、文法などの言語知識に加え、社会の中で言葉がどのように使われるかを知る必要がある。さらに、「異文化を体験」するだけでは「異文化の理解」にはならず、異質な他者とのコミュニケーションを成立させる異文化コミュニケーション能力には結実しない。「体験」を「理解」にまで深めるには、異文化体験を「異質性や多様性への寛容な態度」にどう結びつけるかが鍵となる。

小学校における教科としての「英語」は、学習指導要領の求める内容が高度である上、担当する教員が英語教育の専門家とは限らないことから、どの程度の成果が望めるのか不明である。さしたる効果が見込めないことに税金を注ぎ込むよりは、最も重要な中学校に予算を回し充実させて欲しいが、今さら白紙に戻すわけにはいかないというのなら、小学生に言語知識を詰め込むよりは、異文化理解教育の基礎作りに役立てたらどうか。もっとも、「異質性や多様性への寛容な態度」は英語に限定されたことではなく、教科横断的に小学校全体で取り組み育成するべきものである。

「コミュニケーション」「異文化理解」については、今後の重要課題として第4章で詳しく論じたい。

注

1 辻幸夫編（二〇〇一）『ことばの認知科学事典』大修館書店、中山遼平・四本裕子「メタ認知」『脳科学事典』最終更新二〇一四年六月九日（月）一五時四八分（UTC＋九時間）

2 公立学校の学級編成基準は、平成二九年度現在、小学校一年生は三五人、小学校二年生〜高校生は四〇人。

3 現行学習指導要領における中学校「英語」の目標は、「外国語を通じて、言語や文化に対する理解を深め、積極的にコミュニケーションを図ろうとする態度の育成を図り、聞くこと、話すこと、読むこと、書くことなどのコミュニケーション能力の基礎を養う」となっており、具体的には「（1）初歩的な英語を聞いて話し手の意向などを理解できるようにする。（2）初歩的な英語を用いて自分の考えなどを話すことができるようにする。（3）英語を読むことに慣れ親しみ、初歩的な英語を読んで書き手の意向などを理解できるようにする。（4）英語で書くことに慣れ親しみ、初歩的な英語を用いて自分の考えなどを書くことができるようにする」となっており「初歩的な」が付いた4技能の目標が挙げられている。

4 二〇一九年に改訂予定。

5 文科省のキャリア官僚は現場での指導経験があるわけではないので、教員としての経験を有する専門家として小中高の各教科を担当するのが初等中等教育局「教科調査官」である。選考プロセスは公開されておらず任期も定められていないようである。文科省を退職後は、大学の教員となることが多い。教科書検定に関わる「教科書調査官」とは異なる。

6 江利川研究室ブログ「希望の英語教育へ」記事「「授業は英語で行う」への異論」二〇〇九年九月一日

7 金谷憲「「オールイングリッシュ絶対主義」を検証する」『英語教育』二〇〇四年三月号

8 ブリティッシュ・カウンシル（British Council）とは、英国の公的な国際文化交流機関であり、英会話スクール、法人・教育機関向けの英語教育、IELTS（International English Language Testing System 英語運用能力試験）などを実施している。

9 鳥飼玖美子（二〇一四）における和田稔の証言

10 Richards & Rogers, 1986

11 Malmkjaer,1998; Cook, 2010 など

12 パブリックコメント（意見公募）とは、国や自治体が新たな政策などを決める際に、国民から意見を募って参考にするもので、法律や条例に基づく手続き。学習指導要領の改訂案については、二〇一七年二月一四日から三月一五日に実施され、前回と比べて約二倍となる一万一二一〇件が寄せられた。三月末に公示された新学習指導要領では、意見を受けて変更された箇所もある。例えば、消えた「鎖国」という用語が復活し、「厩戸《うまやど》王（聖徳太子）」に変更予定だった呼称が「聖

徳太子」のままとなった。

13 法律改正は、平成二九年四月一日、ただし「2　教育職員免許法の一部改正関係」については平成三一年四月一日」。

14 CEFRでは、Can Doと表記されているが、文科省はCAN-DOと表記しているので、それぞれ異なる表記を用いる。

15 「複言語主義」については、他に以下が参考になる。細川英雄・西山教行編（二〇一〇）『複言語・複文化主義とは何か――ヨーロッパの理念・状況から日本における受容・文脈化へ』くろしお出版、鳥飼玖美子・大津由紀雄・江利川春雄・斎藤兆史（二〇一七）『英語だけの外国語教育は失敗する――複言語主義のすすめ』ひつじ書房

16 科学研究費補助金基盤研究（A）『小、中、高、大の一貫する英語コミュニケーション能力の到達基準の策定とその検証』（課題番号：二〇二四二〇一一、研究者代表：投野由紀夫、二〇〇八～一一年度。最終報告書（二〇一二年））

17 鳥飼玖美子（二〇一七）「複言語・複文化主義とCEFR、そしてCan Do」、鳥飼玖美子・大津由紀雄・江利川春雄・斎藤兆史『英語だけの外国語教育は失敗する――複言語主義のすすめ』ひつじ書房、一～二五頁

18 公益財団法人中央教育研究所「自律した学習者を育てる英語教育の探求：小中高大を接続することばの教育として」（研究代表：鳥飼玖美子）

19 平成二八年八月「言語能力の向上に関する特別チーム」審議とりまとめ

20 圓入由美（二〇一七）「政策決定の現場から～新学習指導要領における外国語教育における取組」『学術の動向』第二二巻、特集二「初等中等教育における英語教育の課題と可能性」

21 提言全文は、日本学術会議ウェブサイトに掲載。http://www.scj.go.jp/ja/info/kohyo/pdf/kohyo-23-t236.pdf

22 「提言」概要及びシンポジウムの内容については、『学術の動向』第二二巻（二〇一七年一一月）に詳しい。

23 中央教育審議会初等教育分科会教育課程部会「言語能力の向上に関する特別チーム」（第四回）

24 ヤコブソンの一九五六年の講演をもとにした論文「言語学と詩学」において、メッセージに焦点を当てる「詩的機能」、メッセージの送り手（発信者）に焦点を当てる「表出的機能」、受け手（受信者）に焦点を当てる「動能的機能」、接触回路に焦点を当てる「交話的機能」、解釈コード（意味・文法）に焦点を当てる「メタ言語的機能」、言及指示対象に焦点を当てる「言及指示的機能」という「コミュニケーションの六機能」が紹介されている。

第 3 章

大学入試はどうなるのか?
——民間試験導入の問題点

1　変わるセンター試験

†「大学入学共通テスト」に民間試験⁉

　大学入試は常にと言ってよいほど議論されており、一九七九年から開始の共通一次試験が一九九〇年に私立大学も利用できる大学入試センター試験に代わり、二〇〇六年からは英語のリスニング試験が導入された。そして二〇二〇年からは、学校教育改革と一体で入試を変える改革の一環として「大学入学共通テスト」が新たに始まる。

　目玉は、思考力や表現力を問うため国語と数学に記述式が導入されることであるが、数十万人が受験する共通テストの記述問題を短期間で採点しなければならず、誰が採点するか議論の末、大学は時間的にも人員的にも無理だとなり民間業者が担うことから、公平性などについての懸念が指摘されている。

　もっと心配なのは英語である。コミュニケーション能力を重視するという大義名分のもと、「読む聞く」という受容能力だけでなく「書く話す」という産出能力も含めた4技能を測定する方式に転換し、英検やTOEFLなどの民間検定試験を利用することになった。国語や数学と違い、英語に「思考力」は必要ないので民間業者にすべて任せる、と切り捨てたような印象が否めない。それでも、大学入試の英語は民間試験を活用するという文科省案が、一般にはあたかも良いことのように受け止められているのは、そうでもしないと日本の英語教育は良くならない、特に話せるようにならない、と考えている人が多いからであろう。

しかし民間試験を使えば英語教育は良くなるのだろうか。話せるようになるのだろうか。確かに言語運用に4技能は必要であるが、それを入試で問わないと育成できないのだろうか。入試に導入すれば力がつくというなら、リスニング試験を導入後に受験生ひいては大学入学者のリスニング力は導入前に比べて上がっていなければならないはずであるが、検証は行われたのだろうか。

これまでのセンター入試の英語問題は学習指導要領をふまえてコミュニケーション重視となり、相当に練られて質も高くなってきていたが、それを評価する声は聞かれず、読む力と聞く力しか測れない点が現行センター入試の欠陥として指摘されただけであった。

「読む」という基礎力を入試で測定し、入学後に各大学が総合的な英語力を育成することは可能であるが、「4技能を測定する」という前提で、民間の検定試験に頼ることがあっけなく決まった。

†現実を把握せず論評するメディア報道

各新聞は、懸念される点も指摘して報道したが、なぜ入学試験で「話す力」を測定しなければならないのか、入学してから指導するのでは遅いのか、大学ではそんな指導はできないのか、入試の英語出題を4技能にすれば大学生は話せるようになるのか、それとも英語を話せる受験生だけが大学入学に適していると考えるのか、という根本的な疑問は議論されず、「話せる」「書ける」をめざすべきだという主張が多い。

朝日新聞の社説が好例である。「入試英語改革「話せる」授業どう作る」（二〇一七年五月二一日）では、「語学は使えてこそ意味がある。「読める」「聞ける」だけでなく、「話せる」「書ける」もめざすのは当然だ」とした上で、文科省による、高三を対象にした二年前の抽出調査を紹介している。「「日常の事柄について単純な情報交換ができる」（英検準2級程度）という水準を超えた高校三年生は、「話す」が一割強、「書く」は二割」という実態は、「読解・文法中心の授業を脱しきれない現実」を映していると断定している。コミュニケーションに使える英語への抜本的改革が一九八〇年代から慢性的に実施されている現実についての認識はない。結論として、「なによりも授業改善を（研修、外部講師、ネット等）」と訴えているが、二〇〇〇年「「英語が使える日本人育成」のための行動計画」では、五年がかりで「悉皆《しっかい》研修」（公立校の英語教員全員が対象）が実施され、現在はブリティッシュ・カウンシルに委託した教員研修が全国で実施されていることについての知識もないようである。そこまで努力したのに結果が出ていないのは何故なのかを問題にしなければならないのに、誰もそのことは追及しない。

二〇一七年五月一六日放送のNHK「ニュース・ウオッチ9」でも、大学入試センター試験が変わることを簡単に伝え、英語は民間試験を使うことを肯定的に説明し、キャスター二人が「日本の学校英語教育は、これまで読み書きばかりだったから、この入試改革で話せるようになるのは良いですね」とまとめていた。つまり、日本人が英語を話せるようになるには民間の検定試験を大学入試に使えば良いという短絡的な発想で、これは多くの視聴者の考えを代弁しているかのようであり、一般的な言説を補強している感がある。

しかし、そもそも「日本人は、読み書きはできるけれど、話せないのが問題」というのは、だいぶ昔の状況を根拠なく敷衍《ふえん》しての思い込みであり、最近の大学生は、読み書きが苦手で、4技能の土台となる「読解力」が著しく低下している。

一九七四年に平泉渉参議院議員（当時）が自民党政務調査会に「英語教育改革試案」を提出し話題となったが、平泉議員は当時から「日本人は読めて書けてもしゃべれないというけれど、読むことすらできない」と見抜いていた。

一九八六年には臨教審（臨時教育審議会）第二次答申において「文法・訳読からコミュニケーション重視へ」という英語改革が提案され、それを受けて学習指導要領が一九八九年に改定されて以降、およそ三〇年近くにわたり、会話重視の英語教育改革が次々と行われたことは、本書の第1章で紹介した通りだ。その結果、現在の若者は以前よりもっと読めなくなり、したがって書けないし話せない。そのような実態は英語教育関係者には知られているのだが、一般には驚くほど認識されておらず、マスコミからして「日本人は、読み書きはできるけれど話せない」という言説を流布し強化している。その結果、大学入学試験に記述式を増やすなどの質的改革を実施する中で、英語だけは各種民間試験に任せるという乱暴な変更が加えられることになってしまった。

しかも、この決定の影響は高校入試にまで及んでいる。福井県では大学入試の民間試験導入を先取りするかのように、二〇一八年度県立高一般入試から、英語の学力検査で、英検3級、準2級、2級に応じて最大一五点を加点する制度を県教育委員会が決めた。これに対し県議会は、中学での学習範囲を超える2級、準2級を加点することへの批判や、教員の負担増、公教育に民間試験を組み入れる点への疑問が呈された。県教育委員会は、県議会からの意見書を受けて、当初の制度を一部見直し、「一〇〇点満点の枠内での加算」と変更した上で新制度を三年続ける意向を示したが、県議会の斉藤新緑・総務教育常任委員会委員長によれば、二〇一八年三月の加算制度を受け入れたのは「(中学生の準備が)走り出していたから暫定的に認めた」のであり、「中学で習わないことを入試制度にすべきでない。公教育として正しいのか検証してほしい」と見直しを求めている。[1]

そのような中、筆者は福井県議会の議員研修会に招かれ「公教育における英語教育のあり方」について二〇一七年一〇月二三日に講演を行った。議員諸氏との質疑応答では、生徒のためになる教育を希求しつつ、英語を話す力の測定をどうするかという悩みが如実に感じられた。

これは福井県だけ、高校入試だけの問題ではなく、日本における今後の英語入試に関わる本質的な問題である。次項では英語民間試験の問題と、話す力の測定について論じたい。

2　なぜ民間試験は問題か

民間の検定試験に委ねることがなぜ望ましくないのか、以下に説明する。

・民間検定試験は目的が違う（日本の英語教育を念頭に置かず、学習指導要領に依拠していない）
・検定料の負担がかかる
・高校英語教育は検定試験を目的とする受験勉強になる
・「話すこと」「やり取り」を誰が審査し測定するのか
・「コミュニケーション」は数値で測定できない

†民間検定試験は目的が違う

これまでのセンター入試は、大学入試センター（に委嘱された英語教員）により、学習指導要領に準拠し作成されていたが、民間試験はそうではない。目的が異なる。

例えばＴＯＥＦＬ（Test of English as a Foreign Language 外国語としての英語試験）は、北米の大学・大学院に留学して勉学や研究に支障がない英語力を有しているかどうか、アカデミックな英語力を見る試験である。

ＴＯＥＦＬ iＢＴ（internet-based test）は、インターネットで試験を受ける方式で、受験会場に備えられたパソコンを使い、聞く力、読む力だけでなく、書く力、話す力も測る。解答速度には個人差があるが、四時間から四時間三〇分ほどかかる。

ＴＯＥＩＣ（Test of English for International Communication）は、ビジネスに使える英語力を測定するために、国際ビジネスコミュニケーション協会が発注しＥＴＳ（TOEFL などの各種テストを開発している米国の機関）が開発したもので、ビジネスの場面を想定した問題が出る。就職の際に多くの日本企業が参考にすることで、各大学が英語教育に取り入れるなど重視するようになっている。

ＩＥＬＴＳ（International English Language Testing System）は、英国のブリティッシュ・カウンシル（British Council）を中心に、ＩＤＰ：ＩＥＬＴＳオーストラリアとケンブリッジ大学ＥＳＯＬとが共同運営している試験で、英語圏への留学や移住に必要な英語力を測定するのが目的である。IELTS AcademicとIELTS General Trainingの2種類のテストがある。スピーキング・テストは試験官と一対一の面接形式である。

日本英語検定協会による英検（実用英語技能検定）や、ベネッセのGTEC for STUDENTSが中高で浸透しているのは、日本語を母語とし日本で教育を受けている日本人の英語力を測定するからであろう。そういう意味では、日本で作成されている民間試験は日本の英語教育を念頭に置いていると考えられるかもしれないが、それでも個々の学校における教育をふまえて成果を測定するわけではない。いわんや海外で作成された英語運用力テストは日本の学習指導要領をふまえているわけではない。高校までにどのような英語を学んできたかを見るのではなく、それぞれの目的に応じて、他の受験者との比較を行うのが、いわゆる民間の熟達度判定テストである。

次に、このような民間試験がなぜ入試に適していないのか、その特徴を学校が実施するテストと比較して説明する。

†目的基準テストと集団基準テストの違い

試験には大別して、二種類ある。

「集団基準準拠テスト」（NRT：norm-referenced test）

・受験者の能力を集団の中の他の受験者と相対的数値を使って比較する
・各校が実践してきた教育内容とは無関係に作成され、大規模で一律に実施される
・テスト内容と、受験者が受けてきた教育とは直接的な関係がない。
・代表的な例：TOEFL／TOEICなどの「熟達度判定テスト」（proficiency test）

「目標基準準拠テスト」（CRT：criterion-referenced test）

・個々の受験者が目標に対して達成した学習量を測定する
・テスト内容と学習した内容が関連している
・学習状況を把握するために行う「診断テスト」（diagnostic test）
・授業終了後に行う「達成度（到達度）判定テスト」（achievement test）

つまり、現在想定されている「社会的に評価の定まった民間試験」は、「集団基準準拠テスト」であって、受験者が受けてきた教育とは関係なく作成されるものである。それを

大学入試の大きな要素となる共通テストで使うことに問題はないのだろうか。

検定料の負担がかかる

民間試験を複数回受ける、という案は一見して、これまでのセンター入試より良いという印象を与えるかもしれないが、民間業者の試験は、受験にかかる費用も時間もまちまちだ。もっとも負担が重いのはＴＯＥＦＬ　ｉＢＴ（主流となっているインターネットでの受験）で、受験料は一回二三五ドル（約二万六〇〇〇円、二〇一七年一一月現在）、解答にかかる時間は個人差があるが、およそ四時間半。パソコンの前に座って四時間以上を費やすことになる。実施回数は年間四〇～四五回と多いが、パソコン会場は日本では全国に約八〇～九〇しかない。受験料が安いのはＧＴＥＣで、一回五〇四〇円。実施は年に二回で、会場は学校を使用する。英検（実用英語技能検定）は年に三回実施され、本会場[2]は四〇〇～五〇〇と多く、受験料は二級が五八〇〇円、準二級が五二〇〇円とレベルによって異なる。日本英語検定協会と上智大学が英国のベッドフォードシャー大学（University of Bedfordshire）の協力を得て開発したＴＥＡＰ（Test of English for Academic Purposes）は年に三回実施だが、会場は全国に約三〇か所ともっとも少ない。受験料は一万五〇〇〇円であり

TOEFLの次に高額である。

年に二回の受験が可能となれば、受験生は誰もが二回受けようと考えるだろうが、受験料が現行のままなら、保護者にとっては経済的負担となる。これから値引き合戦が始まるのかどうかは分からない。

TOEFLには、団体受験ができるTOEFL ITPがあるが、これは以前のペーパー式TOEFLで、スピーキングとライティングを測定せず、リーディングとリスニングだけなので4技能測定とはならないし、留学などに際しての公式スコアとしては使えない。TOEFL iBTは、高校生には難し過ぎるので、中高生用に開発されたTOEFL Junior Comprehensive Testが使われるのではないだろうか。これは、iBTと同じく4技能を測るコンピューターによるテストで、試験時間は二時間一四分とされている。受験料は、国によって異なるとだけ説明されている。

民間試験業者の各高校への売り込みは既に激しくなっているようだが、今後ますます激化するだろう。高校側は、どの民間試験が大学入試に有利かを探ろうとするだろうし、受け入れ側の大学は、もっとも多く受験生が受けるのはどの民間試験かを見極めようとするだろう。受験料が安く、会場や実施回数が多い試験を選べば済むではないかと考える向きもあろうが、受験生にしてみれば志望大学がどの民間試験を指定するかを判断材料にせざるをえない。

これまではセンター入試へ向けて勉強していれば済んでいたのが、これからは共通テストに加え、志望大学が指定する民間試験を受けなければならず、また、大学独自の入試にも民間試験を使うかどうかは各大学の決定によるので、当分の間、受験生も教師も右往左往しそうである。

さらにいえば、高校ではいくつもの種類の民間試験に対応する時間も人的リソースも不足しているので、おそらくは予備校や塾通いがこれまで以上に増え、その分の時間的負担が高校生に、経済的負担が保護者にかかることになるだけでなく、親の経済事情で民間試験対策の量と質が決まり、従来以上に格差が生まれると懸念される。

†高校英語教育は検定試験を目的とする受験勉強になる

新しい制度のもと、高校生は大学入学を目指して、センター入試の後継である「大学入学共通テスト」に備え、大学が個別に実施する入学試験にも備えることに加えて、英語は民間試験対策を練ることになる。

受験者同士の英語力を比較するという意味で、外部の民間試験は客観的だと考えられているが、例えば、ある学校で、その外部試験に備えて事前に勉強させていたとすると、その学校出身の受験者は、他の受験者と比較して平均値が高くなる可能性がある。すなわち民間試験を大学入試の代替とした場合、高校は競ってその準備を始め、高校英語教育の内容が民間試験受験対策に変質することが考えられる。就職活動を意識した大学での英語教育がTOEIC準備コースのごとくになっている事例が増えている実情を考えると、これが高校段階にまで及ぶ可能性は非常に高くなる。

つまり、大学入試に民間試験が用いられると、民間試験の得点をどのように効率的に上げられるか、という目的に学校内の英語カリキュラムや日々の授業が引きずられるだけでなく、民間試験の得点という数値データが一人歩きを始めてしまう恐れがある。民間テストの結果と、教育内容が、あたかも等価であるかのように解釈されることは、まっとうな教育が潰れる危険性を意味する。

受験勉強が教育を歪めていると問題視されて久しいが、今回の大学入試改革により、これからの高校英語教育は、民間試験対策が中心とならざるをえないのが実態であり、すでに高校現場では対策の検討が始まっている。これまで以上に英語教育が本来あるべき姿から離れていくことを危惧せざるをえない。

ＴＯＥＦＬなどは、相当な読解力が問われるので、読み書きの指導でテコ入れすれば会話ばかりの今よりましだと考えることも可能だが、民間試験のための受験対策は、あくまで高得点を得るのが目的であり、「効率的に解答する」「高得点を得やすい答えを考える」といった「傾向と対策」が中心となり、「コミュニケーション能力」どころか、紋切り型の検定試験対応能力が育成されることになる。受験英語を排して民間試験を導入したつもりが、結局は試験対策に多くの時間を割き、「解答能力」を高めるための英語教育になり、「使えない英語」の再生産に終わり、コミュニケーション能力につながることはない。

†大学での現状

ちなみに、大学の多くは、入学した学生にＴＯＥＦＬやＴＯＥＩＣ受験を課している。海外に正規留学するにはＴＯＥＦＬやＩＥＬＴＳのスコアを提出して入学審査を受ける必要があるし、就職にはＴＯＥＩＣが有利とされる上に、スーパーグローバル大学に採択となった大学は、文科省から提示された応募条件を満たすためにＴＯＥＦＬやＴＯＥＩＣの数値目標を掲げている大学が少なくない。

定員確保に必死の弱小大学・学部では、志願者を増やすには就職率を上げて成果を広報し受験生を集めざるをえず、そのための方策としてTOEFL・TOEICのスコアを上げることが英語教員の義務であるかのように大学執行部がハッパをかける。圧力を受けた英語教員は学生に対し叱咤激励し、スコアを上げる誓約書を書かせたり、平均値が低いと教員が迷惑すると授業で学生に訴えるなどが現実となっている。高いスコアを獲得した学生に報奨金を出す大学もあり、逆に低いスコアの学生に対して留年をちらつかせて脅す、民間業者の特訓クラス受講を指示するなどの事例もある。

これはもはや教育とは言い難い。大学英語教育は、各校が独自の目標を設定し、それを目指して策定したカリキュラムを実施するのが本来の姿である。個々の学生が、留学や就職のために民間の検定試験を参考にすることはあるにしても、大学における英語教育は、あくまで高等教育の一環であり、リベラルアーツ教育の柱である。

ところが最近の大学では、民間試験のスコアを上げること自体が目的となり、その結果、教育内容は限りなく専門学校化し、コミュニケーションを体得するはずの英語授業はTOEFL問題集をこなすだけのものとなる。これでは学生に学習意欲を持つように言ったところで、英語を学ぶ動機づけにはなりようがない。意欲は、目の前に検定試験のスコアというニンジンをぶら下げて走らせることでは、決して喚起されることはない。

大学という学びの場では、学生の知的好奇心を刺激するような教育を行うことで、眠っていた学生の意欲が覚醒する。教育内容が動機づけとなり関心を抱くと学生は意欲的になり、予想以上の力を発揮する。何が動機づけになるのかの解明は難しいが、少なくとも「検定試験のスコアを上げる」という外的で道具的な動機づけは長期的な意欲には結びつかず、内発的な意欲を喚起する動機づけが長い目で見て成果を上げることが知られている。

そのような視点から考えると、高校生の時から大学入試を目指して英語民間試験のスコアを上げることに時間を費やし、大学入学後も就職のために英語民間試験のスコアに一喜一憂して四年間を過ごすようでは、コミュニケーションに使える英語を学ぶことは望めない。コミュニケーションというのは、数値には表れない、いわば人間力が反映されるものである。多様な人々と接し、多様な事柄に挑戦し体験することで人間として成長し、語るべき内容を持って初めて、コミュニケーションの必要性が認識され、英語学習への意欲が生まれるはずである。

仮に高校入試でも大学入試でも英語民間試験が導入されることになれば、若者たちは人生において最も大切な一〇年間を英語民間試験に追い回されて過ごすことになる。英語が嫌いになるのは必然なように思う。

†「話すこと」「やり取り」を誰が審査し測定するのか

民間試験導入の大義名分は「4技能を測定するため」である。これまでのセンター試験では、読むことと聞くことの二技能しか測れなかったから改革する、ということであるが、話すことと書くことは入学してから指導することが可能であることは不問に付されている。

書く技能の測定も、英語的論理構成を重視して採点するのか、文法的正確さを見るのかなど、出題と測定の判断基準は難しいところであるし、記述式で評価する場合の採点基準を公平にすることが容易ではないのは、国語の記述式問題と同じである。

もっと複雑なのは、「話すこと」「やり取り」をどう測定するのかである。TOEFLのようにパソコンに向かって特定のテーマについて語らせるのか、IELTSのように試験官とやり取りをするのか、英検のように試験官の前で何かを説明させるのか、という選択があるし、受験生が発した英語を誰がどのように採点するのかという問題がある。

OPI (Oral Proficiency Interview) は、米国の外国語教育協会 (ACTFL: American Council on the Teaching of Foreign Languages) が開発した会話能力テストで、各言語に対

応している。対面形式でインタビューを実施して口頭での言語運用能力を測定し、超級、上級、中級、初級の主要四レベルを細分化し、合わせて一〇レベルで判定する。試験官は訓練を受けて資格認定される必要がある。何をどのように質問して受験生に語らせ、その運用能力を、何を基準に判断するのかは簡単にできることではないからである。それでもコミュニケーション学や言語学の研究者は、「試験内容を知っていて質問する試験官と、何も知らされず不安の中で応対する受験者という関係は、現実のコミュニケーションとはいえず、実際のコミュニケーション能力をどこまで判断できるのか」と疑問を呈している。

数十万人が受験する日本の共通テストの一環として、スピーキング力を測定することの意味と、そのことが孕む危うさを誰も指摘しないのは不可解である。

学習指導要領が、英語を学ぶ目的をコミュニケーションとすることに異論はないが、それならば「コミュニケーション」とは何か、「コミュニケーション能力」とは何か、「異文化理解」とは何か、を知って教育する必要がある。

その上で繰り返して指摘すれば、「話すこと」「やり取り」など口頭での相互行為としての「コミュニケーション」を大学入学試験に使うことの妥当性は問われなければならない。

†「コミュニケーション」は数値で測定できない

いわゆる「コミュニケーション能力」の評価について、そもそも「コミュニケーション」についての理解が浅薄なことが諸悪の根源である。

民間検定試験のスコアという数値でコミュニケーション能力が分かる、と単純に考える傾向は、政界、経済界、一般社会に根強く蔓延している。TOEICの得点を採用時に義務づける企業が増えたのも、そのような思い込みによるものだと考えられるが、高得点者を優先的に採用したところ、英語力はあっても、商談どころかさっぱり仕事ができないで困っている、という報道が数年前から出始めるようになった。これは、検定試験が測定できるのは英語運用能力の一面にしか過ぎない点への認識が不足していたことの証明であり、コミュニケーションを単に情報をやりとりするためのスキルだと軽視していることの結果である。

コミュニケーションとは、入力した情報が直線的に相手に届くというような単純なものではない。一人の人間が話したことが相手に伝わる際には、その場の状況や相手との人間関係など、さまざまな要素が関係してくる。人間が行うコミュニケーションは、相手との相互行為であり、人間同士の関係作りである。

　そのようなコミュニケーションを可能にするための「コミュニケーション能力」には、文法や語彙などの言語知識に加え（文法の知識がなければ内容のあるまともなコミュニケーションは難しい）、一貫性をもって話したり書いたりする能力（これがないと支離滅裂な印象を与え理解してもらえない）、言語を状況に応じて適切に使える能力（これがないと失礼な言い方で相手を怒らせてしまいかねない）、うまく話が通じない時にどうするかという能力があり、さらには、相手の話の真意を汲み取れる能力（婉曲な表現を使うのは日本人だけではなく、英語にもどの言語にも遠回しな言い方や丁寧な表現などが存在する）など、極めて多層的な能力が関わってくる。

　そのような言語コミュニケーションに関する能力の基盤となるのは、世界に関する一般的な知識（つまりは常識や教養）であり、人間に対する洞察力や共感、ものごとを学んで理解しようとする意欲など、いわば全人的な資質である。しかも外国語でコミュニケーションを行うとなれば、異文化に関する知識に加え、自文化を相対化して異質な文化を理解しようとする開かれた心が必須である。多くの民間試験に相互のやり取り（interaction）[3]は入っていないし、面接での口頭運用能力判定でも、試験官の前で試される受験生という人工的な場での会話である。民間検定試験の点数で、現実世界で起きる複雑きわまるコミュニケーション能力を判断しようとする試み自体に無理があると言わざるをえない。

コミュニケーションが生起する場と相手などのコンテクストによって言語使用のあり方は縦横に変化することから、対人コミュニケーションは評価が難しく、数値では測定できないものである。「試験」という特殊な場で、試験官やパソコンの問いに答えるという不自然な状況で測定される数値が、高校生の人生を左右するような大学入試に使われることに大きな違和感を覚える。「コミュニケーション力」を入学試験で測定することが可能であるか、妥当であるか否かは、時間をかけて議論するべきことである。

異文化コミュニケーションをどのように外国語教育に活かすかについては次章で検討する。

注

1 二〇一七年九月二〇日福井、読売、中日新聞の各紙

2 団体受験は本会場以外での実施が可能で、受験料も異なる。

3 CEFRの尺度では、従来の4技能（スピーキング、リスニング、リーディング、ライティング）ではなく、「話すこと」を「やり取り（spoken interaction）」と「表現（spoken production）」に分け、「理解すること」の中に「聞くこと」「読むこと」を入れている。「書くこと」を加えると全部で5技能になる。TOEFLテストの「スピーキング」は、パソコン内蔵のマイクに向かって一方的に話すスピーチで、双方向のやり取りはない。

第４章

「コミュニケーションに使える英語」を目指して

1　コミュニケーションとは何か

†「コミュニケーションに使える英語」

「コミュニケーションに使える英語」は、一九八〇年代後半から使われ始めたキーワードである。第2章で紹介した通り、新学習指導要領における英語教育の目標は「コミュニケーションを図る資質・能力」の育成である。その方針は第1章で概観したように、一九八九年の学習指導要領改訂から始まり、数々の改革を経て現在に至り、二〇二〇年以降も続くことになっている。

英語教育を何度も抜本的に改革しながら、さっぱり実効が上がらない（とされている）のは、どこかに問題があるのだろう。到達不可能な目標を掲げているか、環境整備が不十分なのか、教員養成に問題があるのか。そのいずれにも問題はある。根本的な原因として、改革後の検証が不十分なので見当違いの改革を繰り返すことになっている点は、「はじめに」で指摘した。

ここでは、改革しても効果が上がらない原因の一つとして、「コミュニケーション能力」の内実について定義が曖昧なまま一般社会や教育行政、学校現場、学習指導要領で使われている点を取り上げ、「コミュニケーション」「コミュニケーション能力」に焦点を当てて、解決策を模索してみたい。

†学習指導要領に見る「コミュニケーション」

中央教育審議会・教育課程部会による「次期学習指導要領等に向けたこれまでの審議のまとめ」(平成二八年八月二六日)では、「コミュニケーション能力については様々な考え方がある」とした上で、文部科学省の有識者会議の報告(コミュニケーション教育推進会議審議経過報告「子どもたちのコミュニケーション能力を育むために」平成二三年八月二九日)における定義が脚注で紹介されている。曰く「いろいろな価値観や背景をもつ人々による集団において、相互関係を深め、共感しながら、人間関係やチームワークを形成し、正解のない課題や経験したことのない問題について、対話をして情報を共有し、自ら深く考え、相互に考えを伝え、深め合いつつ、合意形成・課題解決する能力」と網羅的な定義になっている。いろいろな考えがあるので、全部入れちゃいました、文句ないでしょ、という感じだ。脚注によれば、「こうした定義も踏まえ、外国語教育における特質に配慮しながら」整理したとあり、次のように定義している。

外国語によるコミュニケーション能力について、外国語やその背景にある文化に対する理解を深め、他者を尊重し、聞き手・読み手・話し手・書き手に配慮しながら、コミュニケーションを行う目的・場面・状況等に応じて、外国語で情報や考えなどを的確に理解したり適切に伝え合ったりすることができる能力

「コミュニケーション能力」に異文化理解を加味している印象だが、「異文化コミュニケーション」ということでもなさそうで、個別言語と個別文化、つまりは英語でのコミュニケーションを想定しているようである。この「定義」は、新学習指導要領に生かされており、随所に登場する。そして、そのような「コミュニケーション」を図るための資質や能力を「次のとおり育成することを目指す」としている。

（1）外国語の音声や語彙、表現、文法、言語の働きなどを理解するとともに、これらの知識を、聞くこと、読むこと、話すこと、書くことによる実際のコミュニケーションにおいて活用できる技能を身に付けるようにする。

（2）コミュニケーションを行う目的や場面、状況などに応じて、日常的な話題や社会的な話題について、外国語で簡単な情報や考えなどを理解したり、これらを活用して表現したり伝え合ったりすることができる力を養う。

（3）外国語の背景にある文化に対する理解を深め、聞き手、読み手、話し手、書き手に配慮しながら、主体的に外国語を用いてコミュニケーションを図ろうとする態度を養う。

第一番目では、「音声や語彙、表現、文法、言語の働き」が「知識」として提示されている。言語（英語）についての知識を「実際のコミュニケーションにおいて活用できる」ことが目標であり、つまり英語についての知識を授けるだけでは不十分で、学んだ英語をコミュニケーションに使えるようにするのが狙いである。

「実際のコミュニケーション」が何を指すかは、「資質・能力」の第二番目の冒頭で、「コミュニケーションを行う目的や場面、状況などに応じて」と説明されていることから、社会の中で適切に言語を使用できる能力、つまり「社会言語的能力」だと分かる。その上で「日常的な話題や社会的な話題」について「理解したり」「表現したり伝え合ったりする」ことができる力を養うのが、英語教育の目標だと読み取れる。

第三番目に出てくるのは、「外国語の背景にある文化に対する理解」と「主体的にコミュニケーションを図る態度」である。外国語を使うには、その背景にある文化を理解しなければならない、というのは誠にその通りである。ただ、それは恐らく一般的に考えられているほど容易ではない。

そもそも「文化とは何か」という定義でさえ種々ある。最初に「文化」の定義づけを試みた英国のエドワード・タイラーは『原始文化』で、次のように定義した（Tylor, 1871）。

文化または文明とは、民族誌学的な意味では、知識、信仰、芸術、道徳、法律、慣習、その他、社会の構成員としての人間によって習得されたすべての能力や習慣の複合総体である。

「国際文化論」を提唱した平野健一郎（二〇〇〇）は、「人間が自らを守る為に作り出して、周囲の自然環境と人間との間に位置させたものが文化」であり、「地理的な隔絶と歴史的な変化が特定のパターンをもった個別文化を作り出す」と説明している。

「文化」には、衣食住など目に見える要素だけでなく、価値観・信条・態度・規範など見たり触れたりできない意識外の要素があることを氷山にたとえ、水面下に隠れている見えない文化の重要性を説明することもある。文化をタマネギにたとえ、表面の皮から次々と文化的要素をむいていくと芯にあるのが「価値観」だとする考えもあれば、外側は事物や組織など明示的（explicit）なもので、中間には「規範や価値観」があり、核にあるのは暗黙（implicit）の「基本的前提」（basic assumptions）だと文化の多層性を説明する文化モデルもある。

近年は、文化をより動的なものとして捉え、異なる文化との接触を社会的な変容や個人的な適応の問題として分析する研究も盛んである。

このように、文化は個人の内面に関わってくることから、同じ言語を話し同じ文化圏に属する人間がすべからく同じ言動をするわけではない。外国語や地域研究の専門家であっても、「この言語の背景にある文化は、こうです」などと断定できるわけではなく、あくまで平均的だと思われる特徴を紹介するのが関の山である。ひとつ間違えると、文化的な特徴を過剰に一般化する「ステレオタイプ」という陥穽に落ち込んでしまい、一面的で偏った文化理解になってしまう。ことばの背景にある文化をどう受け止め、どのように理解を深めたら良いのか、異文化コミュニケーション学からの知見を踏まえて突っ込んだ議論が必要であろう。

†文化とコミュニケーション

「コミュニケーション」とは何か、という定義も簡単ではない。情報を入力して相手に届けることをコミュニケーションとみなす機械論的（導管モデルとも呼ばれる）見方もあるが、対人コミュニケーションや組織コミュニケーションは、そんなに単純なことでは割り切れない。特定のコンテクストの中で生起する相互行為の全てをコミュニケーションと考えるのが妥当である。言語を媒介とする相互行為もあれば、ことばではない表情や身振りによる非言語コミュニケーションもある。異なる文化の間をつなぐ異文化コミュニケーションは文化的要素を色濃く反映する。「私たちが何を話し、どのように話すかは、私たちが暮らしてきた文化によって概ね決まる」[1]からである。

異文化コミュニケーション学の始祖と言えるエドワード・ホールは、「文化はコミュニケーションであり、コミュニケーションは文化である」と述べた。例として挙げられるのが、「高コンテクスト文化」と「低コンテクスト文化」の違いである。コンテクストは、日本語で言う「文脈」より広い概念で、コミュニケーションを囲む物理的環境のみならず文化や歴史、その場の状況などを含む。情報やメッセージなどを解釈するにはコンテクストの理解が欠かせないが、コミュニケーションの参与者がコンテクストを共有する度合いが高ければ（high context）、言語に頼る割合が減り、共有する度合いが低ければ（low context）、言語への依存度が増す（図1）。これは文化面でも見られる。長い歴史文化を共有している日本などは「高コンテクスト文化」であり、いちいち言葉で説明しないで状況から読

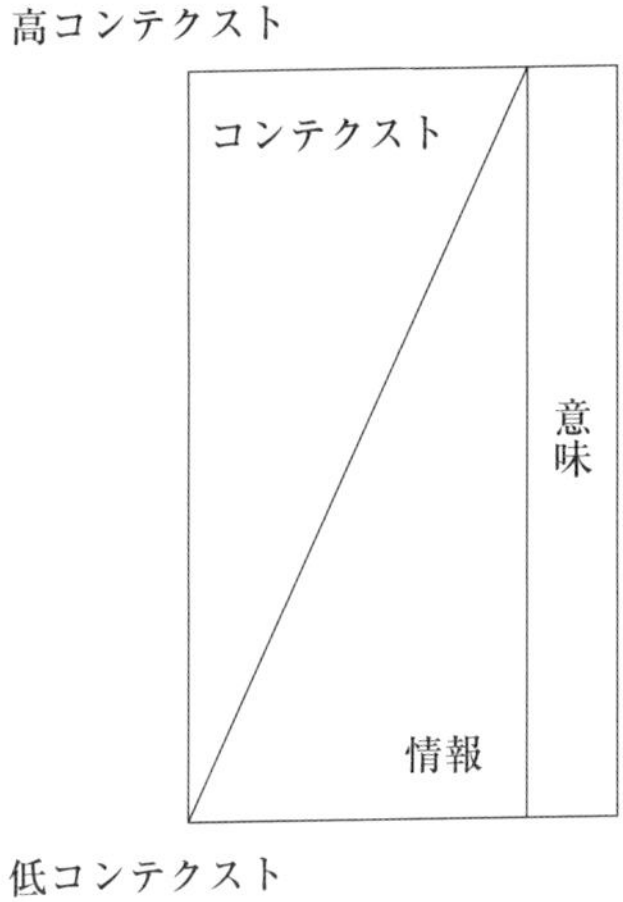

図１　高テクストと低テクスト（Hall, 1976）

み取ることが多い。忖度《そんたく》の文化である。多様な人種や民族からなるアメリカなどは、コンテクストを共有する割合が低い「低コンテクスト文化」なので、言葉を駆使して説明する傾向が強い。

ここでは主として「異文化コミュニケーション」の視点をふまえた分析を紹介したが、コミュニケーションは、当然ながら自文化の中でも起こる。デル・ハイムズが述べた「コミュニケーション能力」は、そのような、どの社会にあっても自然に行われるコミュニケーションを念頭に置いている。

2 コミュニケーション能力と異文化能力

†「コミュニケーション能力」の四要素

第1章で紹介した通り、一九八九年告示の学習指導要領が依拠した「コミュニケーション能力」の四要素とは、文法的能力（grammatical competence）、談話能力（discourse competence)、社会言語的能力（sociolinguistic competence)、方略的能力（strategic competence）である。[2] そのうち、「文法的能力」は、いわゆる学校文法を指すのではなく、より広く「音声、語彙、構文、文法などの言語知識」を指しており、言語運用能力の基礎となる部分だと考えられる。中学校でしっかり学んでおくべき要素である。

「方略的能力」は、聞き取れなかった際にどう対応するか、言いたいことが言えない時や単語を思いつかない時にどうするか、など実際のコミュニケーションで遭遇する数々の問題への対応能力であるから、学生だけでなく社会人でも必要な能力である。中学・高校から徐々に身につけることが可能であろう。

「談話能力」というのは誤解されやすいが、会話だけのことではない。「談話（discourse)」というひとまとまりのメッセージを、どう一貫性と結束性を保って書いたり話したりするか、という能力である。これは中学生の頃から少しずつ学び、高校で相当に学習するべきである。この能力がなければ、スピーチをしてもレポートを書いても、いったい何を言いたいのか、相手が理解できないということになりかねない。オックスフォード大学で教鞭をとっている元・東大教授の苅谷剛彦氏は、アメリカの大学院留学中に、論理的一貫性のある英文を書くことを、接続詞の使い方も含めて、徹底的に指導されたという。

これは、まさしく「談話能力」のことである。

文科省が提示した「コミュニケーションを行う目的・場面・状況等に応じて、（中略）理解したり表現したり伝え合ったりすることができる能力」というのが「社会言語的能力」を念頭に置いているとすれば、これは極めて高度な能力である。ある言語を使う社会には、それぞれの文化的規範によって、文法的には正しいけれど、その表現をここで使ったら失礼になるなど、コミュニケーションを行う際の取り決めが暗黙のうちに存在する。「目的・場面・状況などに応じて」使い分けることは大切であるが、それには社会文化的な規範を知る必要があり、中学生はおろか、大学生でも、太刀打ちできないのが普通であろう。

実際に、そこまでは無理なので、教室では、例文を教えて暗記させ、それを友達同士で使ってみる、ということがよくなされる。しかし、それは、人工的な環境で決まり文句を練習するだけになりがちで、「コミュニケーションを行う目的・場面・状況などに応じて」使うことにはならない。

「買い物をする」という「目的」を設定し、「いろいろな店」という「場面」を設定し、「何々を下さい」と発話し、値段や品質を聞く「状況」を作り出している研究授業を公立中学で見学したことがある。若い教師はとても優秀で熱意があり、すべてを英語で溌剌《はつらつ》と指導しながら、生徒が英語を話すように工夫を凝らし、大いに努力をしていた。しかし、その内容は、小学生の「買い物ごっこ」を英語でやっているだけのことであった。中学三年生にもなったら、もう少し知的な内容を学ぶことができそうに思うが、教室内で繰り広げられた「魚屋さん」「八百屋さん」「花屋さん」などの店では、「ハウマッチ？」「ワオー！」「チープ、チープ、プリーズ」などのブロークン英語が行き交い、「英語文化で規範となる話し方の規則を学び、適切に英語を使いコミュニケーションを図る能力」は道遠し、と感じざるをえない様相を呈していた。

適切に英語を使ってコミュニケーションを図る力をつける教育を考えるにあたり、まずは「コミュニケーション」「コミュニケーション能力」「異文化コミュニケーション」について考えてみる。

†「コミュニケーション能力」と「異文化能力」

「コミュニケーション能力」とは、言語能力だけではコミュニケーションが成立しないことを指摘した社会言語学者のハイムズ（Dell Hymes）による概念であり、[3] コミュニケーションの場で、社会的状況に合わせて言語を適切に使用する能力を指す。

他方、「異文化(間)コミュニケーション」とは、異質な文化を背景にしている人間同士が対話する際のコミュニケーションを意味している。そこで問われるのは、個別の言語や文化の違いだけでなく、異質性であり他者性である。

つまり往々にして「異文化理解」と言う際に語られる「日本文化はこうだけれど、アメリカ文化は違う」というような文化の比較にとどまらず、異文化と邂逅した際に、自分にとって未知であり親しみのない異質な存在と、どう向き合い、どのようにして摩擦を軽減し衝突を回避するか、という本質的な問題に関わるのが「異文化コミュニケーション」である。

異文化コミュニケーションを構成する「異文化理解」と「コミュニケーション」は、それぞれが複雑な問題を内包している。とりわけ扱いが難しいのが「異文化理解」である。

そもそも「異文化」を「理解」することは果たして可能なのか、という根源的な疑問がある。例えば留学や旅行などで「異文化」を「体験」することがあっても、その「体験」が「理解」に結びつくかどうかは保証の限りではない。旅行や滞在などでの体験を通して理解したような気になっても、たまたま出会った人や出来事から判断した限定的な印象であることが多い。異質な文化を理解するというのは生易しいことではなく、教育を通してでないと可能ではない、というのが最近の認識である。

そこで提唱されているのが、「異文化能力」(intercultural competence)である。ヨーロッパでは二〇〇三年に欧州評議会(Council of Europe)から〝*Intercultural Competence*〟が刊行されている。マイケル・バイラム(Michael Byram)の序文によれば、二〇〇一年に公表されたCEFRにおいて、異文化能力について言及されてはいるものの、評価までは完成しなかったことから、別途、「異文化能力」について刊行することとなった、と説明されている。

この書には、「他者性」(otherness)を論じた論文[4]が収められている。「異文化能力」を個別言語から独立した一般的能力(general competences)として扱い、異質性と対峙した際に求められる「他者との関係性」(the relation to the Other)としてCEFRの一九九六年版に入れたものの、「異文化能力」や「異文化の気づき」(intercultural awareness)という概念が曖昧で定義が難しく、結果として二〇〇一年版には盛り込めなかったことが語られている。

外国語教育に異文化能力を取り込む課題については、A・R・ディアス(Adriana R.

Diaz）という研究者が取り組んでおり、「異文化の気づき」や「評価」（assessment）について も、大学教育に導入する視点から論じている。[5]

評価は、「言語と異文化教育」が直面している大きな課題の一つである。目に見える形での成果（outcome）が求められる現在の教育環境にあって、言語教育は無論のこと、異文化教育であっても、評価の問題はつきまとう。

†ベネットとディアドーフのモデル

その難題に果敢に挑んでいるのが、ミルトン・ベネット（Milton J. Bennett）であり、ダーラ・ディアドーフ（Darla K. Deardorff）である。

ベネットの「異文化感受性発達モデル」（*Developmental Model of Intercultural Sensitivity*, 1993）は、六段階から構成されている。

○自文化中心の段階（The Ethnocentric Stages）

1　否定（denial）

文化に違いがあることに気づかないか無視する。

2　防御（defense）

自文化が優れていると考え、他文化を否定的なステレオタイプで見る。

3　最小化（minimalization）

人間は基本的に同じだと考える。

○文化相対化の段階（The Ethnorelative Stages）

4　容認（acceptance）

価値観の違いを理解し、文化的差異の現実を受け入れる。

5　適応（adaptation）

意識的に他文化の視点に立ち自分の行動を変える。

6　統合（integration）

一つではなく複数の文化に属し、多様な文化的視点を持つ。

ディアドーフによる「異文化能力の枠組み」（Intercultural Competence Framework, 2006）は、次の要素から構成されている。

○態度（Attitudes）

敬意（他文化を尊重する）（Respect〔valuing other cultures〕）

寛大さ（判断を保留する）（Openness〔withholding judgment〕）

好奇心と発見（曖昧さを許容する）（Curiosity & discovery〔tolerating ambiguity〕）

○知識と理解（Knowledge & Comprehension）

文化的な自覚、深い文化的知識、社会言語的な気づき（Cultural self-awareness, deep cultural knowledge, sociolinguistic awareness）

○技量（Skills）

聞き、観察し、評価する（To listen, observe & evaluate）

分析し、解釈し、関係づける（To analyze, interpret & relate）

「寛大さ」と筆者は意訳したが、元の英語はopennessである。「開放性」が通常の訳語であるが、英語のopennessは、文脈により「異なる文化などに対して心が開かれている寛容性」「偏見がない寛大さ」を意味する。ここでは、withholding judgment「判断を保留する」と説明があるので、予見を持たない大らかな態度を指していると考えられる。

次に挙げられている「好奇心と発見」の「曖昧さを許容する」は、原文では tolerate という英語が使われている。人の言動などを「許す、容認する」という意味なので、大目に見ることのできる「寛容さ、寛大さ」(tolerance) を指すと考えられる。偏見を持たず容認する度量があることが「寛容性」であり、これは異文化能力の重要な要素であると考えられている。

†「異なる文化を理解する」は可能か

異なる文化を理解するというのは言うは易く行うは難しで、現実には難しい。その文化で生まれ育った人でさえ、或いは、だからこそ、自分の文化には意識的ではなく、説明もできないことが多い。異文化能力の構成要素に、「共感」(empathy) を入れることもあるが、他者の立場に身を置いたつもりで、他者になりきったつもりで、その気持ちを理解することは理想ではあるが、果たして可能なのであろうか。実際にはせいぜい「同情」(sympathy) くらいではなかろうか。異質な文化的背景を持った他者の気持ちを我がことのように理解しようという努力は尊いが、非現実的な達成目標かもしれない。

応用言語学者のクレア・クラムシュ (Claire Kramsch) は、「異なる文化を橋渡しすることは教えられない」現実を踏まえ、「違いがあることに気づかせる」ことの重要性を指摘した。実際には、違いを認識するだけでも簡単ではない上、自文化との違いに気づいたとしても、「日本人なら、あんなことはしないのに」と否定的に捉えがちである。そして、その時点で、相互理解への努力は放棄されることになりかねない。

そこで必要なのが、自分の文化的規範から乖離《かいり》している言動に接した際に、「あれは一体何?」「何であんなことをするのか分からない」という思いを、「違うけど、何か理由があるのかもしれない」と一歩引いて眺める余裕を持つことである。なんだかよく分からず、はっきりしない部分を許し、寛容になることで、接触を閉じてしまわず、「どういうことなんだろう」と知りたがる好奇心(curiosity)に転換する。そして落ち着いて観察し、思い切って相手に聞いてみると、「なーんだ、そういうことか」「そういう風に考える文化もあるんだ」と発見すること(discovery)につながる。

これが「気づき」(awareness)であり、相互理解への一歩となる。そのように進む前提として、まずは、心を広く持ち(openness)、「ああいう行動はひどい」と決めつけず「判断を保留すること」(withholding judgment)と、「よく分からないけど、そういうこともあるのかな」と許容する「寛容性」(tolerance)が求められる。

†グローバル都市ロンドンと寛容性

寛容性とは、換言すれば、容認すること、許すことである。それがあれば、「どうしてなのだろう」と好奇心を持つ余裕が生まれ、「自分とは違う価値観や世界観が存在すること」への気づきが生まれる。理解はできなくても、お互いがそれぞれの違いに気づき、大目に見ることが相互理解の糸口になる。それが多文化共生へつながることを、次の記事が示している。

Modern London thrives on the idea that one city can be a global melting pot, a global trading house, a global media machine and a place where everyone tolerates everyone else, mostly. The thought is that being connected to the rest of the world is something to celebrate.

(Sarah Lyall, *Will London fall? Globalization made it the world's capital; Brexit leaves its future uncertain,* The New York Times International Edition. Commentary, London. Wednesday, April 12, 2017)

「現代のロンドンを発展させた理念は、一つの都市であっても、グローバルな人種のるつぼとなり、グローバルな商社やグローバルなメディア組織となり、誰もが互いに容認し合うことが、ほぼ、可能だというものである。他の世界につながっていることは良いことだという思想である。」（日本語訳は筆者による）

これは、英国がEU離脱（Brexit）の決定をしたことを憂い、世界の金融やメディアの中心地であったロンドンの将来を懸念する記事である。違いを克服して共存するのは、一方だけが我慢すれば可能になるわけではなく、相互に互いの違いを認め合い許し合うことが求められる。ロンドンは、世界につながる為にはそれが重要であるという理念があったからこそ、グローバルな都市として発展したことを、この記事は語っている。

3　異文化コミュニケーションと協同学習

†異文化コミュニケーションと国際共通語としての英語

国境を越えて人やモノや情報が行き交う今日の世界では、言語と文化を異にする相手とコミュニケーションをとる必要は誰にでも起こり得る。もっとも、それを実感している人は少ない。しかし、日本企業に就職したはずなのに、ある日突然に外国から社長が着任し、「毎日が異文化コミュニケーション」という事例は珍しくない。また、二〇一一年の東日本大震災では、世界各地からの人々が地域に根付いて暮らしていることが判明した。避難の際に必要だった言語は数十とされ、その全部には対応できないものの、外国語大学の学生やNPOのボランティアが可能な限りの言語に翻訳したし、英語よりは「やさしい日本語」で情報を伝えて欲しい、という要望もあった。つまり、日常的に意識していなくても、日本国内はすでに多様化しているのであって、そのような異質な存在が共存している多文化多言語社会で、どう行動するべきかというのは、すぐれて「異文化コミュニケーション」の問題である。

そのような観点から考えると、二一世紀の世界で英語が国際共通語として機能しているということは、非母語話者も含めた各国の人々との相互行為に英語が使われることを意味するわけで、日本における英語教育が、英米文化の理解にとどまらず、より広く「異文化コミュニケーション」を目指す、という点は重要である。考えてみれば、私たちが共通語としての英語を使用する相手の多くは英米以外の文化に属している可能性がある。つまり、相手の文化を全く知らないまま、「異質な他者」との対話を英語で試みることになるわけで、これはまさしく「国際共通語としての英語」を媒介にした異文化コミュニケーションである。

ところが残念ながら、現在の日本における英語教育は、その点が視野に入っていない。現行の学習指導要領も、新学習指導要領も、従来と変わらず英語圏を対象にした英語コミュニケーション能力を追求しており、「共通語としての英語を使っての異文化コミュニケーション」という視点はない。

スーパーグローバル大学という一〇年計画の事業における英語の扱いも同様であり、アメリカで作成されているTOEFL試験などのスコアを上げることを目標に掲げている大学が多い。検定試験は、どれほど優れたものであっても英語運用能力の一部を測るに過ぎず、英語コミュニケーション能力全般を数値で表すなど本来は無理であり、大学英語教育の目標にするようなものではない（第3章を参照のこと）。

国際共通語としての英語（English as a Lingua Franca）とは、「異なる母語を有する人々がコミュニケーションの手段として、多くの場合、やむなく使う英語」[6]である。英語母語話者との対話よりは、世界の多様な人々が相互に共通語としての英語を使用する異文化コミュニケーションの場が圧倒的に多いことを考えれば、英語教育に新たな視点を入れる必要が出てくるはずである。

グローバル化が進むのか後退するのか不確定な時代にあっても、当面は英語が国際的な共通語として機能するだろうが、それは未来永劫続くわけではなく、時が来れば覇権は別の言語に移る可能性があることは歴史が証明している。しかし、どのような時代にあっても、異なる言語と異なる文化を持つ人々が邂逅し接触することは不可避であり、そこで求められるのは異文化コミュニケーション能力（intercultural communicative competence）である。

「異文化コミュニケーション能力」についての研究は多くなされているが、本書では「コミュニケーション能力」に「異文化能力」を加え、言語と文化を超えて異質な他者とのコミュニケーションが可能となることを目指した能力の育成を念頭に置いている。[7]

そのような視角から、次項では、英語教育のあり方を模索してみたい。

†これからの英語教育への試案

異文化コミュニケーションのための英語教育を実現するにあたって難しいのは、実際の授業ではどうしても英米文化の理解が主となり、「異質性」という抽象的な観念は扱いにくいため、異文化コミュニケーションを学ぶことが、結局は個別言語としての英語コミュニケーションを取り上げて終わってしまうことである。

英語という言語を教えるのであるから、英語圏の文化を紹介しないわけにはいかず、英語圏に特化したコミュニケーションを指導することになるのは、やむをえないとも言える。そこから一歩踏み出して、共通語としての英語による異文化コミュニケーションの指導を行うには、何らかの工夫が必要になるが、その一つの可能性として複言語主義が参考になると考えている。[8]

複言語主義（Plurilingualism）とは、ヨーロッパ評議会が提唱している理念で、母語以外に少なくとも二つの言語を学び、個人の中で複数の言語を共在させ関連づけることで、豊かなコミュニケーション能力を培うことである。その基盤となっているのは、「多様な言語と文化の豊かな遺産は価値のある共通資源であり、保護され、発展させるべきもの」[9]という哲学である。母語以外に二つの言語を学ぶ目的は、「相互理解を可能にし、平和な世界を目指す」ことにある。これはヨーロッパにおける理想であるが、個々の言語にはそれぞれ独自の文化と世界観があり、だから外国語を学ぶということは「異文化への窓」を手に入れることを意味する、と考えれば、世界のどこにでも通用することである。

そして特筆すべきは、そのような多様な言語と文化を、「コミュニケーションの障壁から、相互の豊かさと理解へ転換するには多大な教育的な努力が必要である」という洞察である。言語や文化の多様性は「コミュニケーションの障壁」だというのが通念であろう。確かに言葉が違えばコミュニケーションは円滑には進まず、文化が違えば相互理解は容易ではない。しかし、不可能ではない。そこで必要になるのが「教育」である。むろん、どのように教育するかという課題は無視できず「多大な教育的な努力」が求められる。それでも、多様な言語と文化を守りながら相互の理解を可能にするのは「教育」だという認識は極めて示唆に富む。

英語一辺倒の日本にあっては、英語優位が当然のこととなりがちである。小学校・中学校・高校では「外国語」を学ぶことになっているが、その「外国語」とは事実上、「英語」である。大学でも「外国語」は主として「英語」である。最近は、志願者集めのために目新しい響きのある「複言語主義」を宣伝文句に使う大学が増えているが、多くの場合、「複言語主義」を理解し賛同してのことでないのは、英語以外の外国語は「第二外国語」として位置づけられているので、すぐに分かる。英語に比べて授業時間数が少なく、担当教員も少ない。専任教員のいない「第二外国語」も多い。それでも、話者数が多くビジネスで使う可能性の高い「中国語」「スペイン語」などは、「第二」であれ何であれ、科目として配置されているだけまだ良い。話者の数が少なく、主要とされない言語は、外国語専門の大学や学部でも切り捨てられる傾向にある。言語の重要性は話者の数で決まるのではない、と主張してみたところで、限られた予算は英語に使われ、なすすべがない。

そのような昨今の現実にもかかわらず、いや、だからこそ、この地球上に存在する言語の多様性を認識することは肝要である。その多様性をコミュニケーションの障壁と捉えるのではなく、価値のあることと認めて言語を学ぶことは、異文化コミュニケーションの出発点である。小中高と英語を学んでから大学に進んだ暁には、母語を含め複数の言語を相互に関連させて学ぶ複言語主義の理念をもとに英語教育を行うことで、言語や文化の多様性をつなぐ異文化コミュニケーションを学生に体得させたい。

具体的には、複言語主義が目指す多面的思考と自律性を培う指導法として、「内容と言語統合学習」（ＣＬＩＬ）の活用と「協同学習」の導入が考えられる。

†「内容中心の指導法」

複言語主義の原理を生かす具体的な指導方法として提案されているのが「内容と言語統合学習」（Content and Language Integrated Learning）と呼ばれる学習法である。今や日本でも、ＣＬＩＬと呼ばれて注目を浴びており、複言語主義と離れて一人歩きしている感もある。

その学習法について説明する前に、さきがけとなった「内容中心の指導法」について、紹介しておきたい。

「内容」と「言語」を結びつけた学習法は昔から存在する。西欧では専門分野をラテン語で研究したし、日本でも医学書を通してオランダ語を学んだ。一九八〇年代になって、主として北米の外国語教育で試みられたのが、ＣＢＴ（content-based teaching）又はＣＢＩ（content-based instruction）である。日本語では「内容中心」又は「内容重視」の指導法と呼ばれている。

外国語を学ぶことに四苦八苦しているのは日本人だけでなく、世界のどこでも外国語学習者は苦労している。外国語教育の成果を上げることは、それほど難しい。文法訳読ではダメだとなれば、会話パターンを暗記させて条件反射のように例文が出てくるまで繰り返す訓練をしてみたり、心理カウンセリングを応用した指導法が考案されたり、身体を使って言葉を教えたり、音楽を聞かせてリラックスさせる教え方が登場したり、百花繚乱の中、コミュニカティブ・アプローチが登場した。その発展形として出てきたのが、「学んでいる外国語ばかりに焦点を当てるから身につかないのではないか。むしろ、内容に関心を向けさせ、その内容を学ぶために必要な言語を学ぶ」ことが自然であり効果的なのではないか、という「内容中心」の発想である。

アメリカでは、第二言語としての英語教育（English as a Second Language）の一環として実施された。筆者が二〇〇〇年頃に視察したカナダのCBTは、大学での専門科目の英語による講義を理解するための、非母語話者を対象とした英語教育と位置づけられていた。教科を学習対象の外国語で行うイマージョン教育も「内容中心」と解釈される。テーマを設けて、その内容を学習中の言語で学び、調べ、討論し、レポートを書き発表する、というような「テーマ型」内容重視教育もある。日本でもすでに、中学から検定教科書の各章が「環境」などのテーマに沿って書かれており、ある程度は内容を意識した英語教育になっていると思われる。

†「内容と言語統合学習」

現在、注目を浴びている「内容と言語統合学習」は、「内容中心の指導法」と似ているが、厳密には異なる。

一つには、主としてアメリカ・カナダで発達した「内容中心の指導法」と違い、「内容と言語統合学習」は、EUで議論された言語教育の一環として考案され、複言語主義を標榜する欧州評議会の提言により二〇〇五年以降、ヨーロッパ諸国に広まったものである。

他にも違いはある。

「内容中心の指導法」では「専門教科などを学ぶために外国語を勉強する」、つまり内容の理解が主であるが、「内容と言語統合学習」では外国語を「使いながら学び、学びながら使う」ことが基本である。「内容」と「言語」が同じ比重を有し、言語学習と内容学習の両方を学習の目的とする。「内容中心の指導法」では、内容を教えていて出てきた語句を教えるなど、言語の扱いが偶発的であり、体系的ではなかったきらいがある。外国語教育として導入された場合も、内容に引きずられ過ぎると言語学習の比重が軽くなり、学習者からすると内容を学んでいるのか外国語を勉強しているのか分からなくなることがあった。「内容と言語統合学習」は、あくまで言語教育であるので、目標、内容や教材、指導方法などを設計した上で実施される。内容と言語の割合は一対一とされており、バランスよく、内容を学びながら言語を学ぶことになっている。

それだけでなく、もっと根本的な違いは、「内容と言語統合学習」は、原理に基づいた教育方法である点に見られる。

†四つのC

「内容と言語統合学習」は、「4C」と呼ばれる要素を有機的にカリキュラムとして統合するアプローチである。この四つの「C」に、内容と言語を統合する学びを支える原理が表されている。

第一のCは、content（内容）「学習内容」である。どのような内容を選び言語の学習に用いるのかは、内容と言語を統合する学習法の決め手とも言える。次のCは、communication（コミュニケーション）である。「コミュニケーション」は言語学習の目的であり、同時に教室内での具体的な活動でもあることから、このCは「言語学習と言語使用」を指す。三つ目のCは、cognition（認知）である。内容を学ぶとは、すなわち考えることである。ひいては批判的思考（critical thinking）に発展する。批判的思考とは、単なる挙足取りや悪口ではない。内容を熟考した上で建設的な批判をすることである。それらを涵養する思考プロセスが三つ目のC＝cognitionである。四つ目のCはculture「文化」であり、他の三つのCを取り巻くように置かれている（図2）。人が世界をどう切り取り認知するかは、文化によって異なる。だから外国語を学ぶことは一筋縄ではいかない。つまり、「内容」も「コミュニケーション」も「認知」も、「文化」の影響を受けずにはいられない。そこで、文化への気づきをカリキュラムに取り込むために、四つ目のCとして枠組に入れられている。

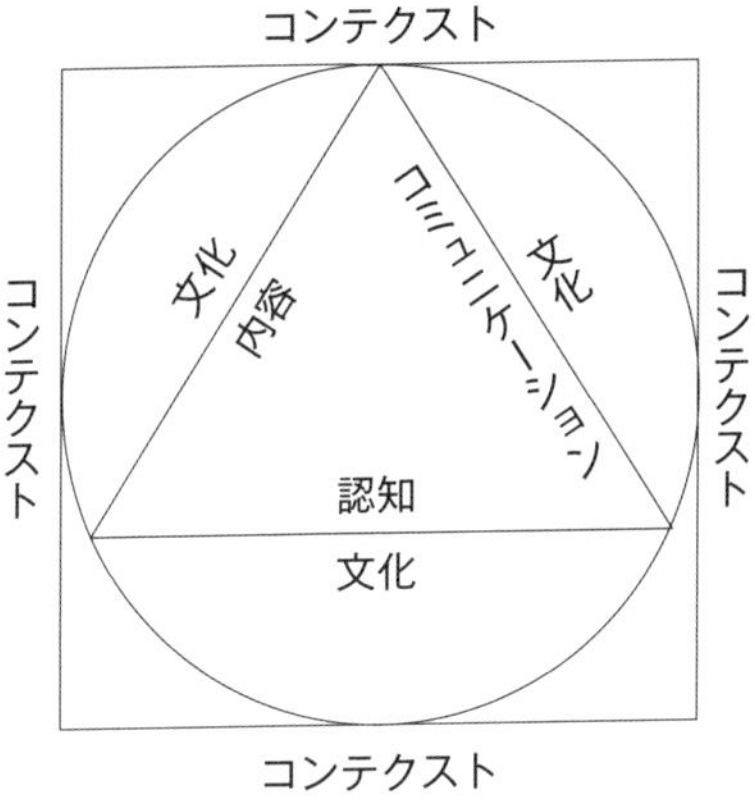

図２　4Cの枠組み（Coyle, D., Hood, P., Harsh, D.,2010:41）

もっとも、四番目のC「文化」については、多様な文化的背景を持つ人々の交流を前提とするヨーロッパのコンテクストから出たことであると考え、日本の状況に合わせて、文化ではなく、community（共同体）を四つ目のCとする考えもある。[10] 教室から地域から地球全体までさまざまなレベルの共同体を想定して、共に学ぶことで協同学習や異文化理解教育を取り込む場となる。

しかし筆者は、日本においても「文化」（culture）は重要な要素であると考えている。CLILは今や、ヨーロッパの枠を大きく超え世界に広がっていることからヨーロッパに限定して考える理由がないことの他に、そもそも言語学習に文化は切り離せないものだからである。

「文化」の定義は数多あるが、「国家」という人為的な枠組みに収まらないものである。人類共通の普遍的な文化とともに、地理的条件や歴史的経緯により生み出された個別の文化が存在するが、それは人間の共同体が、地球のあちこちで作り出しているものである。日本という国に生きているからといって、日本国民が全員同じ日本文化とされるものを共有しているわけではなく、地域差もあれば、性差や年齢による文化の違いもある。会社によっても独自の「企業文化」（corporate culture）がある。出自が違えば文化も異なる。そもそも、一人の人間は通常、いくつもの異なる文化に属している。文化を所与のものとして固定的に考えることはできないし、現代社会は文化的多様性に満ちている。

そのような多様性は、日本の内なるグローバル化の結果、増えている。つまり、日本という国の住民として生きていても、異なる文化に属していることは大いにあり得るわけで、日本国内であっても異文化コミュニケーションは存在する。カルチャーのCを外すわけにはいかない。

同時に、context（コンテクスト）も欠かせない。コイル（Do Coyle）等の概念図[11]では、外側に配置されているが、コミュニケーションとその学びにおいて不可欠な要素であることから、六つ目のCとして考えたい。

「コンテクスト」とは、コミュニケーションの出来事を取り囲む状況であり、ことばや認知を左右する文化も「コンテクスト」を構成する要素である。ことばを学び内容を学ぶ行為は、状況や文化などのコンテクストから切り離された真空状態で行われるわけではない。「コンテクスト」と「文化」は、「内容」「コミュニケーション」「認知」「コミュニティ」と共に、カリキュラムを構成する要素と考えたい。

「内容と言語統合学習」は、すでにヨーロッパというコンテクストを超えて世界各国の教育で実践されており、「グローバル市民の育成」を目標にしていることも付言しておく。[12]

さて、「コミュニティ（共同体）」は、身近な共同体からグローバルな共同体までを含むものであるが、協力して言語を学習する「学びの共同体」と解釈することができる。協同して内容を学ぶことによりコミュニケーション力が向上し、思考力が深まることを示唆している。

外国語学習が目指す異文化理解の第一歩は、「異文化への気づき」であるが、その気づきは、自己と他者の違いを知ることから始まると考えられる。「他者」とは異質性を体現している存在であるから、外国語を母語として日常的に使っている人が該当するし、外国語そのものを指す場合もあるだろう。

外国語が未知の言葉であることは当たり前であるが、勉強していて、自分の母語と「違う」と気づくことは「異質性」の発見であり、そこから「理解」への模索が始まる。「違う」という違和感が、文化の差異に由来するものであるか否かまでは分からなくても、その発見につながるのが「気づき」である。教室内で、そのような「気づき」が起こるとすれば、それは「協同学習」という、共に学ぶプロセスの中で生まれることが多い。それこそが、外国語教育に「協同学習」を導入することの意義であろう。

†自律性と協同学習

複言語主義及びその言語教育哲学を具現化したＣＥＦＲでは、「言語は生涯をかけて学ぶもの」という前提に立ち、自律性の涵養を重視している。言語学習が学校教育で完結するものではなく生涯かけて学び続けるものならば、学習者の自律性が問われることになり、自律した学習者を育てることが教師の役割となる。

自律性（autonomy）とは何かには諸説ある。心理学的な観点や社会的な視点からの定義は多様であり、日本語でも「自律」か「自立」かという議論はあり、英語でも autonomy と independence を問う研究者がいる。

ここでは、言語教育における自律性を問題にしているので、「自らを律することができる学習者」という意味で「自律性」という用語を使い、「自らの学習に責任を持つことのできる能力」（Holec, 1981）と定義づけることにする。

そのような「自律性」に必要な要素として考えられるのは、動機づけである。何らかの動機付け（motivation）がなければ、学習者は自ら意欲的に学ぼうとしないので、自律した学習者を育成するには動機づけが鍵となる。難しいのは、動機づけの研究は長年なされているものの、これをやれば学習者は必ず意欲を喚起される、という魔法のような動機づけはないことである。何があれば意欲的になるかは個々人で違うし、環境にも左右される。

ただ、どうやら確実なのは、外から押しつけられるのではなく、自分の内部で湧き上がってくる内的動機は長く続き効果に結びつくことである。教師にとっては、学習者の内的動機が生まれるような知的で刺激的な指導をする工夫が必要になる。

容易ならざることではあるが、いったん意欲に火がついてやる気を起こした学習者は、自分自身で学ぶ努力を始める。それがどういう形で現れるかといえば、自分の学習方法を自ら振り返り客観的に見直すメタ認知が可能になる。そうすると、自分に適した学習方略を発見する努力が学習に生きてくる。このメタ認知力は、どのような学びにも不可欠な批判的思考力に結びつくので、最近はメタ認知の重要性が指摘されるようになり、新学習指導要領でも批判的思考力とメタ認知が取り上げられている（第2章第1節参照）。

そのようなメタ認知力及び批判的思考力を育成するには、教師一人で奮闘するのではなく、授業内での相互行為を通して学習することが大切になる。その点にこそ協同学習の意義がある。

人間は社会的な相互作用を通して言語を習得すると指摘したヴィゴツキー（Lev Vygotsky）の「最近接発達領域（ZPD）理論」に基づき、「周囲との相互行為を通し支援を受けることで、一人では到達できない領域に達する」のが協同学習の基本である。「支援」

とは「足場かけ」(scaffolding) のことである。教師や学習者同士の働きかけが足場となり、一人ではできない課題を達成し学習が促進される。できる生徒・学生ができない生徒・学生を助けるだけにとどまらない。学習者の能力は多様であり、外国語の場合なら、流暢に話せる帰国生が書くことは苦手だったり、話すことが不得意な生徒・学生が読む能力に優れていたりするのが現実であるので、学習者が相互に足場となり支え合うことになる。

教育学者の佐藤学によれば、「あらゆる学びは新しい世界との出会いと対話であり、対象・他者・自己との対話による意味と関係の編み直しであり、対話と協同によって実現している」。「対象」とは、英語教育の場合は「英語」という外国語である。「他者」とは、自分以外の人間であるから、教師であり学習している他の生徒や学生である。そして「対話」とは、学んでいる対象との対話、教師や仲間との対話に加え、自己との対話も含まれる。そのような対話を協同して生み出すことが「学び合う関係」を築くことであり「協同学習」である[13]。だから「協同学習」は学びの本質なのである[14]。

「協同学習」は、「共同学習」「協働学習」とも表記され、呼称は様々だが、往々にして、単なる「グループ活動」と同一視され、仲間と協力し合う側面だけが注目されるため、なぜそれが自律性に結びつくのか理解されにくい。しかし「協同学習」とは、知的な学びへ向かう自律性、仲間を尊重し共に問題解決に取り組む力などの「基本的な考え」を指す。別の言い方をすれば、一つの課題を達成するために、学び合う関係を築くことで、課題内容と対話し、他の仲間と対話し、自己の内部で対話することが可能になる。そのような過程が自己を見出すことにつながり、それこそが自律性の涵養になる。

新学習指導要領でも推奨されているアクティブ・ラーニング（主体的・対話的で深い学び）を実践するために、教師は脇役に退き、生徒たちをグループに分けて活動することが盛んに行われている。しかしグループ活動の様子を仔細に観察してみると、元気で積極的な一人が主導権を握り、残りのメンバーはその一人に頼っていることがある。「君にお任せ」という態度が露わな生徒もいる。そして発表の際も、割り振られた役割をこなすだけだったり、甚だしい場合はリーダーが一人で発表することもある。これでは「自律性の育成」にはならない。

では、どうするのかといえば、まずグループの人数を四名程度に制限する、同じメンバーで固定させず課題が変わるたびに組み合わせを変える、四名全員が平等に何らかの役割を持ち責任を果たすように仕向ける。これは生徒だけに任せていては実現しない。教師の仕事である。グループ活動を「協同学習」に転換し、それぞれの生徒が自律するような仕掛けを作るのは教師である。教師による賢明な介入があって初めて生徒の能動的な学びが深まり主体的になるのは、協同学習もアクティブ・ラーニングも同じである。

†協同学習と能力別クラス

この「協同学習」は、大学という場では、より広く解釈し活用できるのではないか。例えば、なるべく異質な存在を、一つのクラスやグループなどの単位に入れることで、実社会の多様性を授業で体験することにつなげる。これは、広い意味での異文化学習だと解釈できる。

そうなると英語教育では当たり前のように導入されている「能力別／進度別／習熟度別クラス編成」が問題になる。英検やTOEFL・TOEICなどのスコアを目安にした英語力で輪切りにして、同程度の学習者を集めた中でグループ活動をさせても、「協同学習」のあるべき姿からは乖離する。[16] 上位グループ以外の学習者は「どうせ自分は英語がダメだ」と諦めて意欲を失ってしまい、主体的に取り組むことにならないからである。

「協同学習」では、能力を問わず様々な生徒や学生が共に学ぶのが理想である。自分よりできる友達、できない友達、うるさく騒ぐヤツ、静かな引っ込み思案、いろいろいる仲間と話し合い助け合いながらなんとか一緒に課題を解決する。簡単ではない。分からず屋もいれば、短気もいるし、サボりたがる面倒くさがりもいる。しかし、一緒に取り組んでいるうちに、ダメなやつだとバカにしていたメンバーが、何かを調べることには猛烈な力を発揮することに驚いたりする。英語が話せないので自信がなかったけれど、英語を一緒に読んで議論しているうちに、こういう内容じゃないの？ と思い切って話してみたら、「そうか、そういうことかも」と喜ばれた、という体験で少し自信がついたり、逆に、英語を話すことには自信満々の帰国生が、自分の弱点は読む力が不足していることだと自覚したりする。

そのような数々の体験を通して仲間の特徴が見えてくるにつれ、自分の長所短所も認識するようになる。そして協同作業とはいえ、それぞれの役割を決め、分担した部分について責任を果たすことで、他人に頼ってばかりはいられなくなる。

そのような学びを通して、やがて異質な存在と人間関係を構築することができるようになれば、それは複言語・複文化主義が目指すコミュニケーション能力の獲得と考えられ、多文化社会における共生と協働を可能にする。

†今後の課題

本書では、外国語教育の中でも、日本においてとりわけ重視されている英語教育を取り上げ、これまでの歩みを振り返り、今後のあるべき姿を、主として複言語主義を手がかりに探ってみた。もとより複言語主義もCEFRもヨーロッパというコンテクストで生まれたものであり、そのまま日本に植え替えて根付くわけではない。しかし、その言語思想や言語教育理念を参照することで、日本の状況に合わせた言語教育改革が可能になるのではないか。

「言語教育」とは、英語以外の外国語を含むだけでなく、母語としての日本語・国語教育も含むものであり、その上で異文化コミュニケーション能力が育成されるべきものと筆者は考えている。

ただし、「異文化コミュニケーション能力」を外国語教育に組み込むことは容易ではない。「コミュニケーション能力」にしても「異文化能力」にしても、その定義や、カリキュラムとして具体化し評価方法を定めることは、至難である。

例えば、ベネットの「異文化感受性の発達モデル」を現実の教室に適応した場合、教師は発達段階をどのように解釈し評価し指導するのか。ディアドーフの「異文化能力の枠組み」モデルは、「望ましい成果（outcome）」を二種類に分けている。「外から見える成果」としては「異文化状況における効果的で適切なコミュニケーションと行動」が挙げられている。これは、誰がどのように「効果的」で「適切」だと判断するのか。「内面的な成果」には、「知識を得た上での判断基準の転換」とあり、その内容は「適応性、柔軟性、文化相対的な見方、共感」となっている。これらを判断するのは本人なのか教師なのか、学習記録やアンケート調査で検討するのか、何を基準にどのように評価するのか、いずれも難問である。

そもそも、文化相対主義という、どのような文化もそれぞれ独自の価値体系をもっている対等な存在であり優劣はない、という自民族中心主義への批判から生まれた考え自体が欧米文化中心の産物ではないか、という見解もある。異文化との邂逅において何が効果的かという判断でさえも西欧的な価値観に基づくものではないか、と懐疑的な論もある。[17]

さらに外国語教育の観点からは、学習対象としている言語と文化についての知識だけでは異文化コミュニケーション能力を獲得することにならないこと、異文化に対する「寛容性」「敬意」「好奇心」などの「態度」が抽象的であることなど、探求すべき課題は多い。

このような課題に直面すると、言語教育が言語能力の伸長だけに焦点を当てるのは、良し悪しは別として、仕方ないとも考えられる。しかし、世界が多文化・多言語社会に向かっている現実を見据えれば、異質な文化への寛容性を備えたグローバル市民は今後ますます必要になる。

ことばと文化、コミュニケーションを大局的な視座から検討し、多文化・多言語が共生する持続可能な社会の将来へ向けた言語教育が求められている所以である。

注

1 Samovar, L. A., Porter, R. E. & Jain, N. C., 1981
2 Canale, M. & Swain, M., 1980; Canale, M., 1983
3 Hymes, D., 1972
4 Zarate, G., 2003, pp. 85–117
5 Diaz, A. R., 2013
6 Seidlhoffer, B., 2011, p. 7
7 Byram, M., 1997; 鳥飼（二〇一七）などを参照
8 Morrow, K., 2004; 綾部（二〇一五）、大谷（二〇一〇）、鳥飼ほか（二〇一三）、細川・西山（二

〇一〇）などを参照
9　Council of Europe (1982), Committee of Ministers, Preamble to Recommendation No. R (82) 18（英語版から筆者が日本語訳）
10　池田真、二〇一一年、八頁
11　Coyle, D. et al., 2010, p. 41
12　Coyle, D. et al., 2010, p. 41
13　江利川（二〇一二）、佐藤（二〇〇一・二〇一五）、津田（二〇一三）
14　佐藤（二〇一二）、二五頁
15　杉江（二〇一一）、一頁
16　「習熟度別クラス編成」は効果的だと思われがちだが、実際には学習成果は上っていないことが、研究結果に出ている（佐藤二〇〇四、梅原・小寺二〇〇五、佐々木二〇〇五）。
17　Diaz, A. R., 2013, pp. 10–11

あとがき

本書は英語教育についての現状批判であり、問題提起である。これまでの拙著がそうであったように、この本も世界の動きや日本の状況など、一見、英語教育とは関係ないような流れもふまえて議論をしているつもりである。英語教育といえども、政治経済あるいは社会の動向と無縁ではいられないと考えているからである。

本書の企画を考え始めた頃から、世界はグローバリゼーションとは逆の方向へ動き出しているようである。

二〇一六年、英国はＥＵ離脱という選択により欧州統合の一角にひびをいれた。米国では、「アメリカ第一」(America First) を主張するトランプ氏が大統領選挙に勝利し、二〇一七年一月に第四五代米国大統領として就任した。二〇一七年九月のドイツ連邦議会選挙では、メルケル首相が率いる与党が辛勝したが、極右政党の躍進を許した。いずれも底流にあるのは、自国を守るための移民排斥であり、グローバリゼーションの恩恵を受けない層の鬱積した不満である。

中国は「一帯一路」[1]構想で存在感を強め、北朝鮮の挑発がこれまで以上に国際社会を揺るがし、戦後世界を支えてきた枠組みが崩壊の兆しを見せている。スペインにおけるカタルーニャ州の独立運動など、それぞれの国や地域の独自性を主張する声も世界を覆い始めている。不安定で先が不透明な「不確実性」(uncertainty)の時代に入った感がある。

日本も例外ではない。「一寸先は闇」の時代に生きる子供たちや若者をどう教育したら良いのか。不確実性に耐え得るような教育とはどういうものであろうか。

日本の教育は、二〇一二年の「グローバル人材育成戦略」という政府文書の公表以来、「グローバル人材育成」を目指した政策に邁進してきた。「世界はグローバル化している」という常套句が自明のものとして扱われ、グローバル化に対応できる人材を育成しなければ日本は立ち行かないという危機感により、小中高大学の教育全体が多大な影響を受け、英語教育も「グローバル化に対応する」ことを目標に改革されてきた。二〇一六年一二月に中教審の答申が出され、二〇一七年三月に告示された小中学校「学習指導要領」は、まさにその到達点とも言える。

新学習指導要領は二〇二〇年から施行の小学校から始まり、中学校、高等学校と順次施行される予定で、少なくとも一〇年にわたって日本における英語教育を拘束するものである。二〇二〇年といえば東京オリンピック・パラリンピックが開催される年で、その後の日本がどのようになっているか予測がつきかねるくらい、世界は大きく変化しつつある。

グローバル化とは逆方向に世界が動き、むしろ多様性が不可避な時代を迎える状況に、日本の教育は対応できるのか。先を見据えた理念と指針を持った学習指導要領になっているのか。本書では、これまでの「グローバル人材育成」を目指した英語教育改革を振り返った上で、新学習指導要領における英語教育の内容を検討し、グローバル化の帰結としての多様化した世界に対応することを可能にする教育のあり方を模索した。

「はじめに」で本音を開陳したように、英語教育改革の方向性についての失望が大きく書く意欲を失った私を、忍耐強く見守った筑摩書房の編集者・河内卓さんがいなければ、この本は生まれなかった。心から感謝する次第である。

私は、本書を、大村はまという伝説的な国語教師の言葉で締めくくりたいと思う。大村はまは一九〇六年に生まれ、二〇〇五年に九八歳で逝去するまで「ことばを教えること」

に生涯を捧げた情熱の人だった。多くの著作を残したが、その一つへのサインに添えたことばがある。

ことばを育てることは、こころを育てることである
人を育てることである　教育そのものである

その通りだと思う。
「ことばを教えること」は、日本語だけに限らない。外国語も手話言語も同じである。英語を教えることは、単語を教え会話表現を教えることだけではない。英語という外国語を通して、学習者を未知の世界に誘い、心を豊かにし、人間を育むのである。英語という教科が、学ぶ児童や生徒や学生の心を傷つけることのないよう、「こころを育て、人を育てる」教育であって欲しいと切に願うものである。

二〇一七年一二月

鳥飼玖美子

1 注

中国の習近平国家主席が二〇一三年に提唱した中国と欧州を結ぶ巨大な広域経済圏構想。陸路で中央アジアを経て欧州に続く「シルクロード経済ベルト」が「一帯」で、南シナ海からインド洋を通り欧州へ向かう「二一世紀の海上シルクロード」を「一路」と呼び、沿線の国は約七〇か国に上るとされる。

参考文献

※2つ刊行年が記されているものは初版と参照した版を示す

Byram, M. (1997). *Teaching and assessing intercultural communicative competence*. Clevedon: Multilingual Matters.

Byram, M. (Ed.) (2003). *Intercultural competence*. Council of Europe.

Bennett, M.J. (1993). Towards ethnorelativism: A developmental model of intercultural sensitivity. In Paige, M. R. (Ed.). *Education for the intercultural experience*. Yarmouth, Maine: Intercultural Press, 22–73.

Canale, M & Swain, M. (1980). Theoretical bases of communicative approaches to second language teaching and testing. *Applied Linguistics 1*, London: Oxford University Press.

Canale, M. (1983). From communicative competence to communicative language pedagogy. In Richards, J. C. & Schmidt, R. W. (Eds.). *Language and communication*. Harlow, Essex: Longman.

Council of Europe. (2001). *Common European Framework of Reference for Langugages: Learning, teaching, assessment*. Cambridge University Press.

Coyle, D., Hood, P., Marsh, D. (2010). *CLIL: Content and language integrated learning*. Cambridge University Press.

Deardorff, D. K. (2006/2009). *Theory Reflections: Intercultural Competence Framework/Model* https://www.nafsa.org/_/file/_/theory_connections_intercultural_competence.pdf, Retrieved March 8, 2017.

Deardorff, D. K. (2006). The identification and assessment of intercultural competence as a student outcome of internationalization at institutions of higher education in the United States.

Journal of Studies in International Education, 10 (3), 241-266.
Deardorff, D. K. (2015). *Demystifying outcomes assessment for international educators: A practical approach*. Sterling, Virginia: Stylus.
Diaz, A. R. (2013). *Developing critical languaculture pedagogies in higher education: Theory and practice*. Bristol, Buffalo, Toronto: Multilingual Matters.
Goffman, E. (1959). *The presentation of self in everyday life*. New York, London, Toronto, Sydney, Auckland: Doubleday.
Goffman, E. (1963). *Behavior in public places*. New York: The Free Press.
Goffman, E. (1967). *Interaction ritual: Essays on face-to-face behavior*. New York: Pantheon Books.
Goffman, E. (1981). *Forms of talk*. University of Pennsylvania Press.
Gumperz, J. J. (Ed.) (1982). *Language and social identity*. Cambridge University Press.
Gumperz, J. J. (1982). *Discourse strategies*. Cambridge University Press.
Hall, E. T. (1959). *The silent language*. New York: Doubleday.
Hall, E. T. (1976). *Beyond culture*. New York: Anchor Press/Doubleday.
Hofstede, G. (1991). *Cultures and organizations: Software of the mind*. London: McGraw- Hill.
Holec, H. (1981). *Autonomy and foreign language learning*. Oxford: Pergamon Press.
Hymes, D. (1972). On communicative competence. In Pride, J.B. and Holmes, J. (Eds.). *Sociolinguistics: Selected Readings*. Harmondsworth: Penguin., 269-293.
Hymes, D. (1974). *Foundations in sociolinguistics: An ethno-*

graphic approach. University of Pennsylvania Press.
Morrow, K. (Ed.) (2004). *Insights from the Common European Framework*. Oxford University Press. ［和田稔ほか（訳）(2013)『ヨーロッパ言語共通参照枠（CEFR）から学ぶ英語教育』研究社］
O'Malley, J.M. & Chamot, A.U. (1990). *Learning strategies in second language acquisition*. Cambridge University Press.
Oxford, R.L. (1990). *Language learning strategies: What every teacher should know*. Boston: Heinle & Heinle.
Samovar, L. A., Porter, R. E. & Jain, N. C. (1981). *Understanding intercultural communication*. Wadsworth.
Seidlhofer, B. (2011). *Understanding English as a Lingua Franca*. Oxford University Press.
Trompenaars, F. and Hampden-Turner, C. (1997). *Riding the waves of culture*. London: Nicholas Brealey.
Trompenaars, F. & Hampden-Turner, C. (2004). *Managing people across cultures*. Wiley.
Tylor, E. B. (1871). *Primitive culture: Researches into the development of mythology, philosophy, religion, art, and custom*. London: John Murray. ［比屋根安定（訳）(1962)『原始文化――神話・哲学・宗教・言語・芸能・風習に関する研究』誠心書房］
Vygotsky, L.S. (1978). *Mind in society: The development of higher psychological processes*. Cambridge, Mass.: Harvard University Press.
Zarate, G. (2003). Identities and plurilingualism: preconditions for the recognition of intercultural competences. In Byram, M. (Ed.). *Intercultural competence*. Council of Europe. 85–117.
綾部保志（2015）「CEFRについての研究から」鳥飼玖美子（編著）『一貫連携英語教育をどう構築するか――「道具」として

の英語観を超えて』東信堂. 121-135 頁.
池田賢市ほか（2017）「特集：学習指導要領大改訂の大問題」『季刊フォーラム　教育と文化』第 87 号. 一般財団法人教育文化総合研究所.
石井敏・久米昭元・遠山淳（編著）（2001）『異文化コミュニケーションの理論 ―― 新しいパラダイムを求めて』有斐閣.
馬居政幸・角替弘規（2017）『中央教育審議会教育課程部会長 無藤隆が徹底解説 ―― 学習指導要領改訂のキーワード』明治図書.
梅原利夫・小寺隆幸（編著）（2005/2006）『習熟度別授業で学力は育つか』明石書店.
江利川春雄（2008）『日本人は英語をどう学んできたか ―― 英語教育の社会文化史』研究社.
江利川春雄（編著）（2012）『協同学習を取り入れた英語授業のすすめ』大修館書店.
江利川春雄・斎藤兆史・鳥飼玖美子・大津由紀雄（2014）『学校英語教育は何のため？』ひつじ書房.
大谷泰照（2007）『日本人にとって英語とは何か ―― 異文化理解のあり方を問う』大修館書店.
大谷泰照ほか（編）（2010）『EU の言語教育政策 ―― 日本の外国語教育への示唆』くろしお出版.
大津由紀雄（編著）（2004）『小学校での英語教育は必要か』慶應義塾大学出版会.
大津由紀雄（編著）（2005）『小学校での英語教育は必要ない！』慶應義塾大学出版会.
大村はま（1996）「大村はまアルバム」『大村はま創造の世界』特別付録. 大空社.
大村はま／苅谷剛彦・夏子（2003/2014）『教えることの復権』ちくま新書.
苅谷剛彦（2017）『オックスフォードからの警鐘 ―― グローバル化時代の大学論』中公新書ラクレ.

苅谷夏子（2007）『優劣のかなたに――大村はま 60 のことば』筑摩書房.
グローバル人材育成推進会議（2012）「グローバル人材育成戦略（グローバル人材育成推進会議 審議まとめ）」
斎藤兆史（2001）『英語襲来と日本人――えげれす語事始』講談社選書メチエ.
斎藤兆史・鳥飼玖美子・大津由紀雄・江利川春雄・野村昌司（2016）『「グローバル人材育成」の英語教育を問う』ひつじ書房.
佐々木敏光（2007）Advantages and Disadvantages of Ability Grouping in English II—Through Follow-Up Research at A Senior High School—「英語 II における習熟度別授業の効果と問題点—A 高等学校での追跡調査から—」和歌山大学大学院教育学研究科教科教育専攻英語教育専修修士論文（未刊行）
佐藤学（2001/2014）『学力を問い直す――学びのカリキュラムへ』岩波ブックレット No. 548.
佐藤学（2004）『習熟度別指導の何が問題か』岩波ブックレット No. 612.
佐藤学（2012/2016）『学校を改革する――学びの共同体の構想と実践』岩波ブックレット No. 842.
佐藤学（2015）『学び合う教室・育ち合う学校――学びの共同体の改革』小学館.
末田清子・福田浩子（2003）『コミュニケーション学――その展望と視点』松柏社.
杉江修治（2011）『協同学習入門――基本の理解と 51 の工夫』ナカニシヤ出版.
辻幸夫（編）（2001）『ことばの認知科学事典』大修館書店.
津田ひろみ（2013）『学習者の自律をめざす協働学習：中学校英語授業における実践と分析』ひつじ書房.
投野由紀夫（2012）『研究成果報告書：小、中、高、大の一貫する英語コミュニケーション能力の到達基準の策定とその検証』

（科学研究費補助金基盤研究（A）課題番号：20242011, 研究者代表：投野由紀夫、2008-2011 年度）
鳥飼玖美子、藤森千尋、綾部保志、細井健、小河園子、長沼君主、榎本剛士（2013）「ヨーロッパ言語共通参照枠（CEFR）についての研究」. 中央教育研究所「自律した学習者を育てる英語教育の探求 ── 小中高大を接続することばの教育として」（研究プロジェクト主幹：鳥飼玖美子）『研究報告』No. 80. 公益財団法人中央教育研究所.
鳥飼玖美子（2011）『国際共通語としての英語』講談社現代新書.
鳥飼玖美子（2013）「英語コミュニケーション能力は測れるか」大津由紀雄・江利川春雄・斎藤兆史・鳥飼玖美子『英語教育、迫り来る破綻』ひつじ書房. 83-116 頁.
鳥飼玖美子（2014）『英語教育論争から考える』みすず書房.
鳥飼玖美子（2015, 2016）.「自律した学習者を育てる英語教育の探求（7）・（8） ── 小中高大を接続することばの教育として」『研究報告』No. 83, 87. 公益財団法人中央教育研究所.
鳥飼玖美子（2016）『本物の英語力』講談社現代新書.
鳥飼玖美子（2017）『話すための英語力』講談社現代新書.
鳥飼玖美子・大津由紀雄・江利川春雄・斎藤兆史（2017）『英語だけの外国語教育は失敗する ── 複言語主義のすすめ』ひつじ書房.
中山遼平・四本裕子（2014）「メタ認知」『脳科学事典』最終更新 2014 年 6 月 9 日（月）15:48（UTC＋9:00）. https://bsd.neuro-inf.jp/wiki/メタ認知.（2017.9.1 検索）.
日本学術会議（2016）『提言：ことばに対する能動的態度を育てる取り組み ── 初等中等教育における英語教育の発展のために』言語・文学委員会 文化の邂逅と言語分科会.
日本学術会議（2017）「特集：初等中等教育における英語教育の課題と可能性」『学術の動向』第 22 巻. 公益財団法人日本学術協力財団.

日本コミュニケーション学会（編）（2011）『現代日本のコミュニケーション研究――日本コミュニケーション学の足跡と展望』三修社.
平泉渉・渡部昇一（1975）『英語教育大論争』文藝春秋.
平野健一郎（2000）『国際文化論』東京大学出版会.
藤原康弘・仲潔・寺沢拓敬（編）（2017）『これからの英語教育の話をしよう』ひつじ書房.
細川英雄・西山教行（編）（2010）『複言語・複文化主義とは何か――ヨーロッパの理念・状況から日本における受容・文脈化へ』くろしお出版.
文部省臨時教育審議会（1986）『教育改革に関する第二次答申』
文部科学省（2003）「「英語が使える日本人」の育成のための行動計画」
文部科学省（2008）『小学校学習指導要領』（平成 20 年 3 月告示）
文部科学省（2008）『中学校学習指導要領』（平成 20 年 3 月告示、平成 22 年 11 月一部改正）
文部科学省（2009）『高等学校学習指導要領』（平成 21 年 3 月告示）
文部科学省（2010）『高等学校学習指導要領解説　外国語編・英語編』（平成 22 年 5 月）
文部科学省（2014）「今後の英語教育の改善・充実方策について報告――グローバル化に対応した英語教育改革の五つの提言」
文部科学省（2017）『小学校学習指導要領』（平成 29 年 3 月告示）
文部科学省（2017）『中学校学習指導要領』（平成 29 年 3 月告示）
文部科学省中央教育審議会・教育課程部会（2016）「次期学習指導要領等に向けたこれまでの審議のまとめ（平成 28 年 8 月 26 日）各教科・科目等の内容の見直し（1）国語（12）外国語」
渡部良典・池田真・和泉伸一（2011）『CLIL 内容言語統合型学習――上智大学外国語教育の新たなる挑戦』（第 1 巻　原理と方法）上智大学出版.

ちくま新書
1298

英語教育《えいごきょういく》の危機《きき》
二〇一八年一月一〇日　第一刷発行
二〇一八年一月三〇日　第二刷発行

著　者　鳥飼玖美子（とりかい・くみこ）

発行者　山野浩一

発行所　株式会社 筑摩書房
東京都台東区蔵前二-五-三　郵便番号一一一-八七五五
振替〇〇一六〇-八-四一二三

装幀者　間村俊一

印刷・製本　株式会社 精興社

乱丁・落丁本の場合は、左記宛にご送付ください。
送料小社負担でお取り替えいたします。
ご注文・お問い合わせも左記へお願いいたします。
〒三三一-八五〇七　さいたま市北区櫛引町二-六〇四
筑摩書房サービスセンター　電話〇四八-六五一-〇〇五三

ISBN978-4-480-07109-5 C0237

ちくま新書

253
教養としての大学受験国語
石原千秋
日本語なのにお手上げの評論読解問題。その論述の方法を、実例に即し徹底解剖。アテモノを脱却し上級の教養をめざす、受験生と社会人のための思考の遠近法指南。

999
日本の文字
――「無声の思考」の封印を解く
石川九楊
日本語は三種類の文字をもつ。この、世界にまれな性格はどこに由来し、日本人の思考と感性に何をもたらしたのか。鬼才の書家が大胆に構想する文明論的思索。

1062
日本語の近代
――はずされた漢語
今野真二
漢語と和語が深く結びついた日本語のシステムから、日清戦争を境に漢字・漢語がはずされていく。明治期の小学教材を通して日本語への人為的コントロールを追う。

1221
日本文法体系
藤井貞和
日本語を真に理解するには、現在の学校文法を書き換えなければならない。豊富な古文の実例をとりあげつつ、日本語の隠れた構造へと迫る、全く新しい理論の登場。

1246
時間の言語学
――メタファーから読みとく
瀬戸賢一
私たちが「時間」をどのように認識するかを、〈時は金なり〉〈時は流れる〉等のメタファー（隠喩）を分析して明らかにする。かつてない、ことばからみた時間論。

1249
日本語全史
沖森卓也
古代から現代まで、日本語の移り変わりをたどり全史を解き明かすはじめての新書。時代ごとの文字・音韻・語彙・文法の変遷から、日本語の起源の姿が見えてくる。

1051
つながる図書館
――コミュニティの核をめざす試み
猪谷千香
公共図書館の様々な取組み。ビジネス支援から町民の手作り図書館、建物の外へ概念を広げる試み……数々の現場を取材すると同時に、今後のありかたを探る。